JN495543

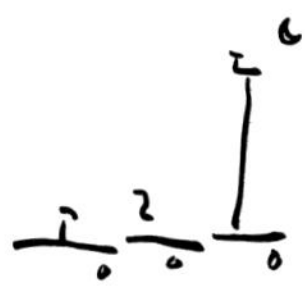

김재천 시인

- 한국문인협회, 국제PEN클럽, 계간 문예, 한국문예학술저작권협회 회원
- 성북교육청 문예창작영재교육원(중등) 1기~12기 강사
- 서부교육청 문예창작영재교육원(초등) 1기~2기 강사
- 혜화여고 문창영재반 지도교사(2008~2009)
- 서교2009-중등-11-(113)중등공모형맞춤식직무연수 강사(월곡중)
- 서교2010-중등-11-80중등공모형맞춤식직무연수 강사(삼각산중)
- 교총연수-유초중-직무2014-4169호, 직무연수 강사
- 서울초중등문예창작교사연수 〈해토머리〉 강사
- 교육총연합회교사연수 〈메멘토〉 강사
- 서울시교육연수원 문예창작교사연수 〈네월애〉 강사
- 서울시교육연수원 문예창작학부모연수 〈풀치〉 강사
- 성북교육청 문예창작영재연수 〈집현전〉 강사
- 공릉동 주민 시창작연수 〈시와꽃〉 강사
- 시집 『배반의 詩語』 『베베에게』 『그 애인』 『나비가 되고 싶다』 외
- 다형시문학상(1977), 국무총리표창장(1994), 서울언론인클럽언론상(1996), 천리안문학상(2000년) 외

- 캘리그래피 이정원

공릉동

초판 1쇄 인쇄 | 2020년 04월 24일
지은이 | 김재천
펴낸이 | 이승훈
펴낸곳 | 해드림출판사
주 소 | 서울 영등포구 경인로82길 3-4(문래동1가 39)
센터플러스빌딩 1004호(07371)
전 화 | 02-2612-5552
팩 스 | 02-2688-5568
E-mail | jlee5059@hanmail.net

등록번호 제2013-000076
등록일자 2008년 9월 29일

ISBN 979-11-5634-396-7

공릉동에서 아내를 가슴에 묻은
공릉동 시인이 부르는 노래

공릉동

김재천 시집

해드림출판사

| 여는 글 |

눈물꽃

_ 죽은 아내에게 바치는 시

그것은 문장이 아니었다
그저 하나로 닥치는 이별이었다
의미보다는
떠나기 전에 치러야 하는 의식이었다
마지막으로 불러보는 이름
마지막으로 만져보는 얼굴
마지막으로 건네주는 느낌
참 따뜻했었다
고마웠다

저가 아는 소중한 언어를 탈탈 털어서

눈에 담고 흔드는

눈물꽃 한 송이

그 꽃은 그저

맑고

깊었다

나는 그 깊이에 빠져서 가만히

익사했다

여기 자존심 강했던 게으른 시인이 어쩌자고 25년 긴 침묵을 접습니다.

오대석 소설가

| 차례 |

| 열다 |

가을 허공

바람도 길이 있어서 꼿꼿하게 흐르는 바람은 없다
몇 개의 산허리를 돌고 바람이 치댄 자리를 본다
물들지 않은 것이 없는 세상에서 물들지 않은 것을
찾아 나서는데 아뿔싸 베인 산허리를 만난다 한때 베인
내 허리의 통증을 기억해내고 그만큼 내가 휜다
가을 허공 안으로 휜다 소리를 듣고 빛을 한 움큼 듣고
너의 얼굴을 듣는다 여기서는 듣는 것밖에 할 일이 없으므로
남자인 내가 추억을 듣고 남자의 고독을 만진다
늙으면 다 우중충해지고 늙으면 다 음흉해지고 늙으면 다
꺾이는 것이지만 늙어서 순수해지는 것도 있다
늙어야 들리는 것들 그땐 안 들렸는데 늙어야 들리는
사람이 있다 기차가 터널에 들어갔을 때에만

창에 비치는 건너편 앞자리의 여자

책장을 넘기는 여자의 옆모습에서 깨끗한 육정을 듣는다

누굴까 눈알이 튀어나와서 달린다 마른강을 끼고

겅중거린다 그래 바람이 불면 몸서리치는 나뭇잎이 들린다

뭔가 조밀한 것들 그러니까 늙어야 이루는 것들

죽음에도 나뉘는 것이 많아서 조악한 것이 아니라

다 이루는 죽음 정도는 돼야

누군가의 가슴에서 축복이 축복으로 들린다 그런 날

물들지 않은 것들이 없는 세상에서는

가을 허공을 채우는 것이

바람이 아니고 바람이 관장하는 통증뿐이었다

검은 바다

죽어서 가루가 된 내 여자 앞에서 발기가 되지 않은
첫날 나는 검은 바다를 마주 보고 선다
선다는 것이 바로 자존심이라는 대꾸에 자꾸 밑줄만
그어댄다 밑줄만큼 종이가 닳아 찢어진다
빛을 다 내어줘서 검게 된 바다가
찢어진 틈으로 시선을 밀어 넣고 있다 저 치밀한 삼투,
간섭이 시작된 것이다 검은 바다는
소용돌이를 치지 않는다
잘랑이지도 않는다 시끄럽지 않은 힘으로
가만히 누른다 목을 졸라 질식시키려는 건지 모른다
상기도의 폐쇄가 시작되고 청색증이 나타나면
길어야 오 분 그러니까

오 분 동안 검은 바다의 힘이 우리의 사색을 멈출 만큼
세지 않기를 바라며 생각한다 검은 바다여 목울대에서
손을 떼라 아, 나의 자존심을 빼앗지 말라 검은 바다가
눈물을 보았는지 바다의 밑창이 보일 때까지 물러난다
세상의 모든 죽음은 검은 것이다 빛을 잃는 것이다
빛을 빼앗는 것은 시간이지만 빛을 주는 것도 시간이어서
우리는 시간에 속는 것이다
시간이 우리들의 가여운 폐에서
색색거리면 우리는 그런 종류의 기호들을 모아서
그것들이 던지는 의미와 증상을 이야기할 것이다 도대체
내 여자 앞에서 발기가 되지 않는 현상에 대해서
자존심이 어떻게 무너지는지에 대해서 분석할 것이다

우리가 늘 오 분만 사는 것처럼 오 분 후에는 죽는 것인가

나는 너를 오 분만 사랑하는 것인가 오 분 동안만

내가 네 안에 있는 것인가

그것조차도 거부하는 발기불능이

쓸쓸하게 검은 바다 앞에 서서 빼앗긴 시간들을

만지작거린다

만지작거리며 운다

속으로 역류한 눈물이 다시 차츰 바다가 된다

아, 검은 바다여

공릉동 돌탑

돌 위에 돌 하나 얹는 것이 무슨 의미가 있을까
싶은데 돌 위에 돌이 가만히 올라가 있다
누구에게로 더 가까워지려는 몸짓일까
아무것도 할 수 없을 때 속에서 터지는 소리들이
문장으로 치환되는 곳까지 높이를 키우는 것은
공허하지 않게 서로 누르는 것의 소산
오늘은 누가 마음 위에 마음을 얹혔는지
중력을 거스른 편지가 삐뚤빼뚤 날고 있다

공릉동에 노을이 서면

공릉동에 노을이 서면 그땐 겨울이지만 한여름 저녁에라도
겨울처럼 노을이 활활 서기를 그 짙게 이는 노을 속에서
그대의 이름 빛나고 이름이 물고 있는 낱말의 틀이 모두 내일을
예고하기를 내일이 예고만큼 설레고 설렌 만큼 오늘 밤이 그저
아름답기를 오늘 밤이 그저 아름답다가 밤의 꽃으로 노랗게
피기를 누가 무단으로 세워놓은 자전거 페달 뒤편에
숨은 듯, 숨은 듯 밤의 꽃으로 피기를 공릉동에 노을이 타는 듯이
서면 그땐 겨울이지만

공릉동에 봄 오면

윗도리 벗고 걷는데 팔뚝에 빛 한 줄 내려와
가만히 걸친다
걸친 그 자리 가렵다
길섶을 본다 얼마나 가려웠으면
찔레장미 겨우내 굳은 껍질 찢고 줄기에 돋는 게
저리 많다
몇 걸음 걷기도 전에 철길 굽고
굽은 철길 끄트머리쯤
끄트머리쯤
가려운 데를 긁은 광대나물 빨간 점이 점점 부풀다가
톡 터졌다
공릉동에 봄 오면
그대 가슴도 좀 부풀었으면

공릉동에 첫 키스처럼 첫눈이 내리면

공릉동에 첫 키스처럼 첫눈이 가만히 내리면
하얀 운동화를 신고 걸어요 세상이 온통 눈밖에
없어서 눈 밖으로 나오지 못해도 눈 속에서
손을 잡고 있으면 따뜻할 거예요 그래요
눈 속이 얼마나 따뜻한지 눈의 나라에서 따뜻한
발자국을 찍어요 짜박짜박 발자국 편지를 써요
며칠 두고 읽을 길고 파란 편지를

공릉동에서 그대 날개를 달면

아무 시간이나 그대 공릉동에 와서

폐선로 위를 걷다가

균형이 무너져 비틀거리면

그때 날개를 달고 구름 위로 솟을 것

한 번 파닥일 때마다

지금까지 꿨던 꿈 가운데서

아주 먼 꿈으로 데려가

구름이 머물렀던 어귀에 부리면

우리 모두는 거기서부터 피어나

날개만큼 흐르는 향기

공릉동에서 그대 날개를 달면

그대도 향기가 되고

공릉동에 파란 비가 내리면

그대는 파란 우산을 펴고 철길 따라 휘다가
손바닥에 고인 빗물 굴려 구슬 서 말 만들고
안으로 시간을 들인 구슬만 골라 도르르 흘리고
구슬이 낸 길을 따라 그대 도르르 흐르면
파란 꽃잎이
가만히 열릴지 몰라
길섶 어디쯤 파란 비를 맞은 파란 아이가
그대 기다리다가 귀를 세운 채
꽃잎에 쫑긋 걸터앉아
노래를 부를지도 몰라 그때 노래도 파랄까?
공릉동에 파란 비가 내리면
그대 발소리 들리는 꿈속으로 사뿐히 걸어가서

꿈을 꾼다

그대 내게 키스하면 온몸이 파래지는

파란 꿈을

공릉동에는 공릉동이라는 나무가 살지

비가 내리면 그늘이 두터워지는 그 나무 밑을
지날 때는
누구든 키스의 흔적을 떼어서 던지고 갔어
대개의 키스는 붉었지
어느 날 어두운 그 나무 밑에서
익숙한 입술을 보았어
붉은 누구였을까, 기억이 나지 않았지만
뜨거웠을까, 생각이 나지 않았지만
입술은 비에 젖은 채 떨고 있었어
빗물이 촘촘한 이파리 사이를 타고 내려와
젊은 기억들을 적셨어
공릉동에는 공릉동이라는 나무가 살지

비가 내리면 뿌리까지 아리는 나무가

그러니까 그대 누군가가 서슴없이 그리워지면
공릉동으로 달려와
아프지 말고

공릉동에서 그대 내게 키스를 하면

내 생각이 온통 파래지면서 잘게 일렁이다가
부서진다 포말로 남아 둥둥 떠다니는 느낌들
생각의 뿌리들이 빠져나와
너의 말들을 훑고 그 말들을 양육한다
사랑한다 사랑한다 사랑한다
그 말들로 내 안의 내밀한 것들을 치환한다
공릉동에서 그대 내게 키스를 하면
나는 점점 깊어진다
따뜻해질 때까지 내려간다

공릉동에서

우리 공릉동에서 만나
그냥 걸어
베토벤 길에서 손을 잡아
우리 외에 모든 것을 지워
우리는 공릉동에서 우리로만 남아
자박자박 꿈속으로 걸어가
꿈에서 그대는
젖은 입술로 기다리고
공릉동에서 나는
기다림 속으로 걷고
어느 날
그러자 우리
공릉동에서 아프지 말자

공릉동을 다 줄게

_ to RM

지구 위의 공릉동을 알아?

아세아 동방예의지국 대한민국 서울

동쪽 경계에 걸쳐있는 감자를 닮은 마을

지금은 바퀴 소리만 덜커덩 남은

녹슨 레일뿐이지만

호랑이가 마을에서 기르던 말을

뒷산으로 끌고 갔다는 범다미라는 이름도 있고

공릉동 511 네가 앉았던 의자도 있고

공릉동 408-205 네 뒤에 박힌 나비 그림도 있고

공릉동 29-61 네가 멈췄던 빈 기차도

그냥 가만히 서 있지

그 사이사이에 꽃다발처럼 모여 있는 백일홍과

공릉동의 파란 꿈까지 다 줄게

참 다순 마음도 한 삽 퍼서 줄게

소소한 문화이지만

사람이 사람답게 사는 마을이니까

공릉동을 떠나서 공릉동을 그리워하기

어제 밤늦게 에이스모텔 입간판에 걸린 엿새 초승달이
사르륵 구름 사이를 사르더니 새벽부터 비가 내린다
바람이 분다 바람이 그냥 불지 않고 살아 있는 것들을 흔든다
뿌리까지 흔든다 펴자마자 뒤집어진 우산을 접고 걷는데
빗줄기가 들이친다 눈을 감는다 앞바다가 비명을 지른다
안목해변의 늦가을 바다가 다 일어서서 달려와 부서진다
그리운 이름을 부르며 부서진다 무엇이 그리우면 사나워질 수
있을까 나도 사납게 그리운 이름 하나 부르며 죽을 수 있을까
들끓는 안목해변의 바다를 부러워하다가
두근대는 가슴을 만진다
검푸르게 멍든 바다가 하얗게 모래 위에 눕는다
이 비 그치면 파도 대신 옷을 벗고 나의 모든 멍을 문지르며

모래 위에 흩어져 하얗게 눕고 싶다

파도 밑의 물고기를 걱정하는 갈매기 무리가

바람에 밀린다 어느 높이까지 올라야

물고기의 안부를 들을 수 있을까 치솟던 갈매기들이 사라진다

갈매기들은 저마다 부리에 물고기가 배설한 비늘을

물고 갔을까 어느 날 안목해변을 혼자 걸었던 여인도

물고기의 비늘을 찾고 있었는지 몰라

눈빛에 걸리기만 해도 녹아버리는 순수

그 따뜻한 깊이의 사랑을 꿈꾸면서 발끝으로 모래를 팠을지 몰라

그때 패인 모래톱 위를 몇 번의 파도가 덮쳤을까 헤다가

문득

공릉동을 떠나서 공릉동을 그리워한다

공릉동 직박구리의 연애

공릉동 직박구리가 발가락보다 얇은 가지를
움켰을 때 나무 전체가 직박구리의 무게만큼
부르르 떨었다 직박구리는 가지에 앉아서
죽지를 내렸다 바람이 죽지 사이를 파고들었지만
직박구리는 개의치 않고 주변의 낌새를 훑었다
마침내 찾아낸 흔적 사랑했던 동행의 냄새가
묻어있는 저쪽 직행해도 될 기억이 살아서
꿈틀대는 저쪽 모든 것들이 반짝거리는 저쪽
말려 올라간 큰 줄기 끝에서 화르르 번진
해방과 같은 저쪽 함께 했던 시간들이
파스텔로 번지는 저쪽 그 오르가슴, 몽환의 색깔을
향하여 관절을 굽혔다가 폈다 그랬다 눈앞에서

사라진 공릉동 직박구리는 시방 저쪽에서

연애 중

공릉역

잠들었다가도 저절로 눈이 떠지는
역이 있다
공릉역이다
외곽까지 몇 역 더 남았지만 마치
마지막 경계인 듯
아차, 싶으면 경계를 넘어가 다시는
영영 집으로 가지 못할 것처럼 눈이
자동으로 번쩍 떠지는
간절한 역
떠난 사랑도 나와 같아서
언제라도 그 역에 내릴 것만 같아서

그리운 공릉동

그대 겨울에 공릉동에 올 때는 술 취하지 말 것

자분자분 여자가 남긴 발자국을 골라 디딜 것

겨우내 숨어서 움찔대는 언어들의 눈짓과

따뜻한 꿈과

봄이 오기도 전에 꽃으로 필 뿌리

언 땅뙈기의 시시한 기미를 하마 스치지 말 것

장차 일어설 공릉동의 숲과 폐철도의 긴긴 이야기

그 아찔한 나라의 아찔한 희망

그래, 떠나 있는 동안의 상실보다는

어서 돌아와서 부릴 그리움 때문이라도 그대

참 따뜻하기를

구절초 밭

구절초 화르르 일어선 구절초 밭에 갈 때면

옆구리에 이어령의 제유를 끼고

밥처럼 핀 구절초꽃 앞에서 멈출 일이다

밥 먹었나, 라고 물었을 때

그 말의 제유를 모르는 사람은

아니, 라면 먹었어, 라고 할 것이라는 이어령의

화살을 섬뜩 심장에 박고

며칠 전 똑같은 질문에 라면 먹었다고

아무렇지 않게 대답했던 나는

그래, 여태 제유도 모르는 사람

밥 먹었냐는 말속의 끼니라는 제유도

모르는 사람

몰라서 화가 나는 것이 아니라 몰라서

다행이라고 생각하는 사람

그렇게 아무짝에도 쓸데없는 고집이나 번대며

으흐흐, 알량하게 웃는 사람

구절초 흰 꽃잎을 만지작거리는 바람을 읽고

으흐흐, 배고픈 바람과 동행하는 사람

이어령에게 자꾸

사랑만 하다가 죽은 여자를 사랑해봤냐고

묻고 있는 사람

그대 가만히 다녀가신 날

그날도 꽃 한 송이 오지게 지고 있었겠지요
플라타너스 두꺼운 잎 바스스 부서지고
햇빛은 또 바람에 밀려 길 위에서 흩어지다가
가지 끝에 걸려 흔들렸겠지요
그렇지요 겨울은 모든 것들이 다 흔들려요
흔들리지 않으면 죽을 것처럼 흔들려요
흔들리면서 썼던 편지 속 글자들도 흔들리다가
울어요
그 울음이 들려요
그 울음의 깊이가 내게로 와서 패이고
나는 거기에 떨어져서 같이 울어요
그대 가만히 다녀가신 날

난 울어요

그대가 흘리신 느낌 때문에 울어요

그대의 느낌은 왜 늘 아픈 걸까요?

사랑을 해도 아플 것처럼 아파요

기척도 없이 다녀가신 뒤로

이제 꽃들은 더는 피지 않고 자꾸 지는데

꽃 진 자리마다 퍼질러 앉은 시간들이

서럽게 일어서서 와와 떼울음

울어요

그대 가을에 공릉동에 오시면

별 다습게 떨어지고 하마 바람 한 줄
가슴에 듣는 날
운동화 뒤축 꺾어 신고 그대 공릉동에 오시면
그대 가을에 공릉동에 오시면
그날 커피 한잔 마셔요
커피만큼 진하게 서로 눈을 보고
들뜬 낱말을 집고
우리만의 문장을 엮어서
문양처럼 백당나무에 걸어요
문양처럼 백당나무에 걸린
붉은 열매를 게으르게 읽고 깍지를 껴요
그대 깍지를 껴보았나요? 엇물려야 더 각별한

손가락의 어떤 의미를 기억하나요?

그렇게 어떤 의미가

우리에게로 오면 그때 우리 약속해요

밖에 떨어진 별을 밟으며 공릉동 끝까지 걷고

거기서 구름으로 피기로

그대 가을에 공릉동에 오시면

커피 한잔 마시고

아무 염려 없이

동그스름 구름으로 피기로

그대 겨울에 공릉동에 오시면

그대 겨울에 크리스마스처럼 공릉동에 오시면

하늘이 열려 하얀 눈 쏟아지는 날

흰옷 입고 공릉동에 오시면

그날 우리 사랑해요

숫눈 밟으며 눈보다 더 희게 사랑해요

그대 긍정의 힘으로 가만히 공릉동에 오시면

사랑을 모르는 사람들처럼

누구보다 뜨거운 사랑

그대 자유로 공릉동에 오시면

입김 불며 커피 다 마시고

우리 밖으로 나가 폐철로 외로 걷다가

미끄덩 눈 위에 눈으로 쌓여요

지난가을 뿌렸던 낙엽들의 흔적을 그려줘어

허접하지 않은 어떤 의미로

그대 공릉동에 오시면

아무려면 어때요 쏟아지는 눈 밟으며

하늘로 가요

돌아오지 않아서 좋을 하늘로 두근두근 가요

서툴지만 서툰 그대로 우리 손 잡고

하나뿐인 사랑을 해요

거짓말 같은 사랑을 해요

공릉동 끝에서

그대 봄에 공릉동에 오시면

우리 어깨 부딪치며 걷다가 잠깐씩 멈춰서
서로에게 귀를 대기로 해요
그대 공릉동 봄밭까지 뛰어오느라 가쁜 숨을 낱낱
듣기로 해요 숨이 흐트러진 꼭 그만큼
잡은 손에 힘을 주고 환하게 웃어요
우리가 만든 우리만의 시간과 우리가 치환한
문장을 함께 외우기로 해요
봄이잖아요
때로 모르는 풀꽃이 보이면 근사한 이름 하나 만들어
달아주고 그냥 까르륵 웃어요
긴 의자 끝에 걸터앉아 우리가 치환한 그것이
사랑에 닿아 꿈틀대면 얼굴 살포시 붉히며

공릉동 끝까지 걷기로 해요

알게 뭐예요 우리만의 시간이잖아요

공릉동 끝에서 우리만 아는 따뜻한 커피 한잔 시키고

모금모금 나눠 마시게 될지

정말로 사랑하다가 증발하게 될지

우리가 이름 달아준 풀꽃이 편편하게 펴놓은 길을

지르밟다가

기똥찬 세상으로 쑥 들어갈지

그쪽으로 가면 공릉동이 나와

헤이, 보폭을 줄이고 조금은 동쪽으로 틀어
그쪽으로 가면 공릉동이 나와
공릉동에서는 뛰면 안 돼 모든 것이 가속하지 않은
처음의 것들이지 빠르면 안 보이는 것들이 많아
헤이, 작은 소리로 속삭여야 돼
약속도 작게 해야 돼
사랑도 조금씩, 위로도 조금씩, 기억도 조금씩
조금씩이라야 오래 가는 거니까
가볍게 걸어 가벼우면 가벼울수록
날개가 보일 거야 날개가 보이면 날개를 달아
날개를 단 후에는 날개가 가자는 데로 가면 돼
공릉동에서는 사는 것 전부가 너무 쉬워

절망이 아니어서

헤이,

그쪽으로 가면 공릉동이 나와

진짜야

기억의 밑창을 닫으며

뒤적이기 싫은 날은 흐리다
등짝이 가려운데 긁을 방법이 없어서
벽에 대고 뭉갠다 가려운 것도 오래 참으면
통증이 되는지 머리가 아프다
무거워서 그런가 싶어 머리를 흔든다
머리에서 떨어지는 부스러기들
시간과 익숙한 이름들과 뭐 그런 것들
눈이 내렸으면 하는데 찬비 몇 방울이
바람에 날린다
걷는 인문학 356페이지를 열고
밑단에 따로 적힌 붉은 문장을 읽는다
〈한 여성이 나에게 편지를 보내왔습니다.

'남자친구가 하이힐을 신으라는데 발이 아프네요.'

나는 조언했습니다.

'한걸음도 걸을 필요가 없게 해준다면 신겠다고

그에게 말하세요.'〉

당신에 대한 기억의 밑창을 닫는다

꽃병을 보며

선달에 작은 꽃병 하나 벽에 맸다
숨을 쉬는 꽃병에 물을 담기가 거시기해서
물 없이 마른 꽃을 꽂고
더 피지도 못하고 멈춘 박제를 보았다
꽃은 그들의 안에서 무엇을
버리고 버려서 가벼워졌을까
잘 마른 꽃은 보기만 해도 가볍다
그러니까
마른 꽃을 사뭇 본 날에는 내가 점점
마른 꽃이 된 것 같아
좀 가벼워진 것 같아
가난해진 것 같아

낙엽

제 높이에서 불렀던 노래를 차례대로 전부
기억할 수는 없지만
그런 거 다 게우고 지상으로 내려온 너의 색깔이
참 곱다
가진 것들을 꺼내어 가볍기까지 곱씹었을
그 맑은 아픔의 깊이를 몰라
함부로 너를 밟지 못하고
갸웃갸웃 비껴 걷는데
한 줄 바람에 실린 네 소리가 또 가볍다

나는 감국 같은 여자가 좋다

죽은 마광수는 야한 여자가 좋다고 했는데
아직 살아있는 나는 야한 여자보다
감국 같은 여자가 좋다
햇빛 나면 햇빛 받아먹고 비 오면 비도 받아먹고
눈 내리면 그 눈 폴폴 다 받아먹고
바람 불면 바람도 부는 만큼 받아먹고
내가 바라보면 바라보는 나의 눈빛도 받아먹고
우리들 절망의 시간도 째깍째깍 받아먹는
감국 같은 여자가 좋다
늘 한결같은 표정이 아니라
표정을 바꿀 줄 아는 여자가
노란 여자보다 샛노란 여자가

쓴 여자보다 달달한 여자가

술에 절어있는 여자보다 술 취한 여자가

시를 잘 쓰는 여자보다

시를 잘 먹는 여자가 좋다

김치를 썰어서 먹는 여자보다 찢어서 먹는 여자가

더 좋다

나는 감국 같은 여자가 좋다

나는 오래전부터 흔들리고 있었다

인생을 다 산 것처럼 어둠이 갈라지는 소리
산 밑에서 혼자 어둠을 가르고 있는 가로등 빛은 흐리다
뉘 집 마당을 만지는 불빛도 지치고
그렇다 지상의 밤에 속한 빛은 멀면 멀수록 별이 된다
그런 별들이 모여서 마을을 만들고
그중 마을의 소녀야 울먹이지 말고 좀 웃으렴
홀씨로 그리움을 피우다 센 바람에 훅 뺏기고 나서
한동안 빈 줄기만 말리면서 속을 내주는 소녀야
그리움이란 것은 차라리 날려 보내는 것이란다
안 보일 때까지 훨훨
어떤 때는 돌아오는 빛도 있겠지만
그러는 사이 나주역에 섰다가 아주 서지 못하고

다시 어둠 속을 가속하고

차창이 되쏘는 뒷자리의 소녀는 제 속을 긁고 있고

창밖에서 안으로 들락거리고 마침내 자리에서

뒤적뒤적 일어나 생리하러 가고

긴 머리칼을 더 길게 만들면서 생리를 마치고

나주역에 섰던 열차는 곧 송정역을 기어들고

송정역에서 우르르 빈자리를 메우는 이유들

이유가 이유를 찾아서 움직이고

불빛은 가까이서만 색깔을 가지거나 모양을 만들지만

멀리서는 반짝반짝 다 같이 순해진다

맨살에 맨살을 비빌 줄 아는 아찔한 마법을 배우는 사이

저 별들의 뒤에서 일어나는 음모가 사랑이 되고

열차는 정읍이 되고

정읍에서 나는 정읍의 여류작가의 이름을 떠올리고

그녀의 긴 혀를 생각하고 내장산 단풍의 단내와

정읍의 여자를 정읍에 두고 오는 건데 어쩌자고

징그럽게 달고 있어서 눌리는 자리마다 두통이 나고

두통 때문에 뒷자리의 소녀는 잊고

건너편 자리에 앉은 여자의 다리가 눈에 들어오고

아아 멀리서만 별이 되기로 한 가로등 빛들이

점점 밀려나고

그 무질서의 옥신각신 가운데 익산에 닿고

익산에서 술 취한 중년의 진저리나는 노래를 듣고

지상의 모든 빛들이 별이 되려는 순간

속도는 갈라지고

그대는 아픈 하루를 접어 내가 시를 쓰고

뒷자리의 소녀는 입을 반쯤 벌려서 자고

건너편 여자는 다리를 꼬고 맨살에 맨살을 댔을 적에

살아나는 것들의 이름을 꿰고 천안아산역에 내리는

남자와 여자들이 심통들을 다 꼽기도 전에 수서역에 도착하고

흔들리면서 수서역에 도착하고

나는 이 식물의 이름을 모릅니다

나는 가을에 이 식물의 이름을 도무지 모릅니다
이름을 몰라서 그 속으로 들어가는 길도 모릅니다
겨울을 건널 때까지
그저 밖에서 맴돌 수밖에
점점 말라가는 솔직한 색깔의 의미
고약한 내가 마침내 갖게 될 구린 색깔이 두려워서
눈을 돌리는 곳마다
구깃구깃 남겨진 방황의 흔적들
모질어서 아직 떨어지지 않고 매달려 있는
저 힘
다시 살 수 없을 만큼 혼자 잘 마른 고집과
속도를 거부하는 고독과

앵돌아앉은 시간들

한 번도 사랑을 해보지 않았을 것 같은

서툰 눈빛과

그래서 더 슬픈 몸짓이

자꾸 침입을 부르는 몸짓이

왜 아플까요?

나는 흰 자작나무에 기대어

귀를 연다 어디선가 달려오는 묵음들
나는 흰 자작나무에 기대어 헝클어진 질서들
눈이 내리지 않는 이유와
내가 나를 사랑하지 않는 이유와
눈이 내리지 않음으로 나를 떠나
흩어지는 이름과
관상동맥이 내지르는 아득한 비명
'살고 싶어요.'
바람이 던지고 간 문장을 만진다
그때도 그랬을까
잠이 오지 않는 이유가 그때
그 된 발음이 키우는 의미를 점점 알 것 같은

무모한 절망

그래 바람이 지나갔다가 되돌아 다시 부는 동안

나는 흰 자작나무에 기대어 귀를 열고

따뜻한 꿈을 기다린다

내 방안의 꽃밭에서

꽃들이 필 까닭이 없는 계절에 꿈을 꾼다
줄기가 파란 꽃들이 일어서는 꿈, 꽃들의
소란, 꽃들의 호객, 꽃들의 맨살을 만지다가
질식하는 꿈
꿈을 꾼다 가슴을 찢고 꺼낸 낱말 하나가
화분을 묻히며 날아다니다가 화분의 무게에 눌려
화석이 되는 꿈
아무렇게 펼쳐진 책, 멋대로 엉긴 문장, 거친
숨소리들, 너무 깊은 페이지, 어쩌지?
통제의 구역을 벗어나 번지는 꽃밭이 방을
점령하고 방에서 쫓기는 나
노래를 부르려고 하나 노래 대신 꽃들이

천장에서 내려와 천장에서 눈처럼 내려와

철퍼덕 꽂히는 꿈

화병에 꽂힌 죽은 꽃들이 살아날 리 없다

번식을 하지 않는 꽃들만 골랐는데 이렇게

촘촘하게 번식할 리 없다

내 방안의 꽃밭에서 나는 시방

점점 작아지는 중

내 사랑 탑동 앞바다

어느 때부턴가 사람들이 걷다가 방파제 위로
고개를 꺾고 앞바다를 본다
앞바다도 방파제 너머로 얼굴이 넘어오면
잘랑잘랑 얼굴을 만지고 꾸르륵 물러선다
사람들은 그럴 때마다
얼마나 많은 시간을 파도가 쓸어갔는지 모른다
모른 채로 여전히 그냥 바다를 본다
바다는 그렇게 지상의 시간을 사냥하고
사냥의 소산 만큼 푸르다
나는 나의 시간이 끼어든 바다를
사랑하기로 한다
바다는 바다로 들어간 나의 시간에게

아가미를 달아주고 꼬리를 흔드는 법을

가르쳐주었다

등지느러미를 세우고 헤엄을 치던 나의 시간이

바위에 닿으면 더러 거북손이 되기도 하고

파릇이 파래로 붙기도 했다

내 사랑 탑동 앞바다는 그렇게 늘

꿈을 꾸었다 바다가 꾸는 꿈을 보러

먼 데서 바람이 질러왔고 구름도 한 줌

떨어졌다

내 사랑 탑동 앞바다에 관한

부러 그러하고자 한 것이 아닌 힘으로 밀려왔다

그것은 오래 묵은 내면의 문장이었다 어쩌면 껍질이

갈라져 데생겨진 날말들이 뭉친 항변이거나

또 어쩌면 해무 그 몽환의 기억들

경계를 무너뜨려야 얻을 수 있는 그리움

버리고, 버리고 버려서 유추해낸 바닥의 인장강도만큼

짠 바닷바람이 묻히고 간 그것은 낮은 목소리로

일렁이는 사랑이어서

이 홉들이 소주를 다 비우고 초점을 풀었을 때

빈 소주병을 채우는 속도로 지워지는 기억들

우리가 가진 모든 것을 벗고 부둥켰던 시간들 혹은

우리의 틈을 채우려고 반복하던 체위

그리워해 본들 소용없는 부재의 잔물결들

그 밖의 것들과 치환한 부피

다른 문장이 없어서 그것만 갖고 흔드는 내 사랑

탑동 앞바다의 깊이

그 난처한 유혹

노래를 크게 틀어놓고

손톱을 깎다가 집사람 손톱도 길었을 거라 짐작하고
내 손톱 다 깎으면 깎아줘야겠다고 작정했다 하필
소변 기저귀 갈아주다가 언뜻 본 등에 땀이 배어있어서
허리 보호대를 조이고 일으키고 젖은 옷 갈아입히고
어디서 들어서 알게 된 것
여름에 녹차 물로 닦아주면 땀내도 덜 나고 등창도 낫고
피부도 좋아진다는 것
때문에 아껴먹으려고 꼭꼭 안에 넣어두었던 작설차를
꺼내어 뜨거운 물에 우리고 우러난 녹차 물로 등을
고루 닦아주었다 그러느라 며칠 사이 작설차 한 통을
한입 맛도 못 보고 다 비웠다 작설차 한 통 우리고
버리는 동안 깜박 손톱을 잊어먹었다

신기하게도 손톱을 잊어먹은 것만큼이나 집사람
등에 난 피부트러블이 눈에 띄게 호전되었다
그날 챙길 일이 많았는지 금세 저녁때가 다 되어
찬거리 사러 마트에 갔다 햇감자 사고 양파 사고
호박 사고 브로콜리 가지 대파 당근 사고
꼼짝 말라고 신신당부했지만 걱정이 앞서 재게 왔더니
그러잖아도 땀이 많은데다가 종종까지 쳐 온몸이
땀범벅
머리를 조금만 숙여도 머리에서 땀방울이
뚝뚝 떨어지는 것이다 그때
손끝까지 전율시킨 갈증 이 순간을 잡아
그 가사가 들리는 것이다

들리고 또 들리고 노래를 크게 틀어놓고 들리니

손끝이 손톱으로 들리는 것이다

그때서야 집사람 긴 손톱이 보이는 것이다

깎을 때가 훨씬 지나서 미안하게 긴 손톱이

이따만 하게 잘도 보이는 것이다

누가 울고 있다

누가 울고 있다 아마도 지금 막 납골함을 방 안에 두고
유리문을 고정시켰을 거다
그때 터지는 울음은 달라도 뭐가 달라서 티가 난다
납골당에 여러 번 올수록 사람들은 직감의 울음을 거두고
점점 속으로 울음을 삼킨다
쉬지 않고 납골함이 새로 들어오는지 막 뱉은 울음이
목이 쉰 채로 주렁주렁 걸렸다
그런 울음을 보면 괜히 싫어서 슬쩍 고개 돌리고
자리를 뜨지만
귀가 잡히고 잡힌 귀가 늘어지고 늘어진 긴 귀 끝에서
서러움이 일어선다
납골당의 유선 스피커에서 공간을 채우는 올드랭사인이

울음을 잠시 누른다

"어릴 때 함께 자란 친구를 잊어서는 안 돼."

스피커가 말을 한다

"어린 시절에는 함께 데이지를 꺾고 시냇물에서 놀았지."

그때쯤 사람들은 속으로 올드랭사인에 맞춰서

'동해물과'를 부른다

누군가를 안치하는데 애국가만 한 것이 어디 있을까 보냐며

사람들은 속으로 '동해물과'도 삼키고 서러움도 삼킨다

"그 후 오랫동안 헤어져 있다 다시 만났지."

올드랭사인이 말을 잇는다

"자아, 한잔하세."

죽은 사람들이 흰 가루로 분칠을 하고 한잔하려고

몸을 일으킨다 큰일이다 저들이 취하면

취해서 취중진담을 하면

아, 사후세계가 얼마나 시끄러울지 뻔하다

한 번 서러운 사람이 몸을 돌려 지금 서러운 사람을

위안한다

위안이라는 것이 따라서 우는 게 전부인 것이 싫어서

이를 악물지만 그럴 때마다 여기서는

뜨거운 것이 별안간 가슴을 치밀고 별안간

눈이 맵다

눈이 내리는 공릉동을 그리며

공릉동에서는 눈이 흐리지 않게 내리기를
그런 날
그대 내게로 오는 모든 시간이 새겨지기를
우리의 꿈이 피고 마침내 설레기를
그대 가슴이 따뜻해서
나의 언어들이 풀리기를
언 입술이 살아나기를
공릉동에 눈이 쌓이면 살아난 우리의 입술이
약속처럼 가만히 걷기를
사방이 어두워져 깊을 때까지

눈짓 한잔 어때요?

_헌시 고선영

어스름 아슴아슴 내릴 때 기억에 걸려

지나가지 못한 시간이 쓰릴 때

눈을 떴는데 아무도 안 보일 때 점점

내열이 올라 추울 때

입술들이 떠난 빈자리가 서러울 때

그래야 하는 것처럼 우리 따뜻한 손 만지며

가만히 눈짓 한잔

어때요?

두 번째 5월에

기억 안에서 당신의 속도를 꺼내어 당신의 속도로
걷는다 당신의 속도는 대부분 당신의 무게이지만
오늘은 무게 대신 파랗게 다가오는 시간을 쥐고
집을 나선다 시간이 무게보다 더 무거울 수 있다는
걱정이 드는 것을 털려고 고개를 흔든다 고개를 흔드는
방향으로 시선이 돌아가고 시선의 끄트머리에서 당신의
손이 웃는다 나는 배시시 손이 던진 웃음을 잡고 폐철로가
있는 공릉동 철길공원 길을 걷는다
그래, 당신의 속도만큼이나 익숙한 냄새가 시작되는 곳을
알고 있어서 눈을 감고 걷는다
5월에 5월만 남기고 죽은 당신이 혹시 되돌아서
살그머니 올지도 모르는 곳으로 걷는다

그때 우리의 걸음이 이랬을까? 뒤뚱뒤뚱 느렸을까?
잡은 당신의 손이 이처럼 가벼웠을까? 당신의 기억들이
쏟아졌으면 좋겠다 파란 시간들이 내렸으면 좋겠다
내 안에서 기억들이 범람했으면
비낀 시간들을 적시고 또 적시다가 패인 곳을 메우며
범람했으면 아픈 것들만 골라서 익사시키고
어디서나 아프지 않은 당신이 물컹거리게
그러면 당신이 여기로 오기가 쉬울까 몰라 그러다가
냄새가 끝나는 나무 앞에서 멈춘다 하얀 표정들이 뒤엉긴
쥐똥나무 앞에서 자음과 모음을 뒤적인다 하나의 말을
꿈꾼다
'사랑해'
두 번째 5월에

달하 노피곰 돋아사

당신을 아주 먼데 보내고 세 번째 뜨는 대보름달
이제는 조금은 익숙하게 나 혼자서 본다
백제 아낙은 정읍사에서 뜬 달 혼자 보며 더 높게 떠서
혹여 돌아올 남편 밤길 밝혀 달랜다 그래,
아낙은 곁에 없는 남편이 미워서 미운 만큼
돌아올 때 다칠까 봐 걱정이 홍건한데
돌아올 길을 아예 거둔 당신을 미워하지도 못하는 난
저 밝은 달을 그냥 보기만 한다
'달이 나를 따라오네.' 그 말만 남아서
귀청을 돌다 나간 뒤 귀가 먹먹하여 밤하늘 올려다보니
머리 위에 쟁반 달이 높이 돋아서 졸졸
나를 따라오고 있었다

바다직박구리의 연애

바다직박구리 새가 연애를 한다

지르지르르 애가 타다가 가만있지 못하고

겅중대다가 어디론가 빠르게 사라지기도 하다가

세상 다 잃은 듯 바다만 보다가

바다에 귀를 대다가

문득 그리우면 그리운 만큼

사랑 노래 몇 소절 외우다가

사람처럼 이유 없이 울다가

오래 앓기도 하다가

바다에 관한 꿈

세밑에 깜빡 졸다가 그만 바다에 관한 꿈을
꾸었으면 했어 있잖아 깊고 너른 수평이 와글와글
달려와서 끝도 없이 달려와서 해산하는 저것들이
둔탁한 나의 속을 휩쓸고 갔으면 했어
포말이 더 이상 바다의 것이 아니라
칠 십년 묵은 소화불량을 뜯어내는 소리였음 했어
그랬지 눈이 부족한 겨울을 채우는
유혹
살다 보면 부서지는 이상의 유혹이 더 있을까
조금도 곁을 주지 않고 단단하던 바다가 달려와서
내 앞에서 허락하는
하얀 몸

손을 꼭 쥐었지만 빈손이었던 슬픈 시간

바다가 참으로 그랬던 것처럼

내가 너에게 그랬던 것처럼

바람의 섬에서 바람으로 편지를 쓴다

바다에서 눈을 뜬다 바다에서 기지개를 켜고 바다에서
일어난다 바다를 개키고 바다를 쓸고 바다를 정리한다
바다의 바닥을 말갛게 훔친다
바다의 오래 묵은 때들이 갑자기 희게 일어선다 거품이
소리가 되어 날아간다 한 묶음 소리가 떠난 자리가 빈다
낚시꾼이 낚싯대를 휘둘러 빈자리에 찌를 세운다 몇 번
흔들리다가 중심을 잡는 찌, 중심을 버리고 너울을
탄다 입질이다 내 인생의 겨운 시절에 입질이라니
고등어 같은 여자가 늙은 미끼를 물었을까? 그러니까 때로는
행운을 위해 저 바다에 누워 잠을 청할 이유가 있다
외로우니까 외롭다는 말을 함부로 하지 말 것
그리운 것을 그립다고 떠들지 말 것

그 발음이 꺼지기 전에 벌써 바다는 미쳐서
덮칠 테니까 바다는 건드리지 말고 슬금슬금
녹여야 한다 먼저 손을 녹이고 발을 녹이고 생각들을 차례로
녹여야 한다 녹아드는 것을 거부하지 못하는 바다
이미 많은 것들이 녹아서 짠 바다에
싱거운 뼈가 먼저 녹아서 바다의 간을 맞추고 간 맞은 바다를
드링킹 혼에 채워서 우리 모두 드링킹
바다가 눈치채지 못하게 재빨리 건배하고 드링킹
단숨에 뽑은 물소의 뿔로 만든 혼이
와다닥 혼자서 달릴 때쯤
나는 개킨 바다 속에 쪼그리고 앉아 고등어 같은 여자에게
편지를 쓴다

바람의 섬에서 바람으로 편지를 쓴다

늙은 미끼를 뱉으려고 발버둥을 치는 고등어 같은 여자여

이제 곧 편지를 다 쓸 것이니 그때까지만

비의 시간

우산이 준비되어 있었지만 펴지 않고 우울한 것들을
바라본다 언젠가 그치지 않을 것처럼 비가 내리는 날
기억 속의 언어들을 만지며 젖는다 걷고 싶은 욕망과
준엄해지려는 내면의 속삭임 커피처럼 피어오르는
보라색 편지를 접는다 점점 무거워지는 것들을 털고
보고 싶다 보고 싶다 보고 싶다 비가 내리는 날 보고 싶다
보고 싶으면 고개를 드는 습관을 포기한다 고개를
드는 대신 내려와 흐르는 눈물의 더운 심장
별안간의 실종을 소환한다 커피를 마시며 부르지 못한
이름과 불러서는 안 되는 이름을 섞는다 다 젖어서
눅진 비의 시간
그래, 오늘 저녁은 신 이름 하나 썰고
김치찌개나 보글보글 끓여야겠다

밤바다

바다에서는 말들이 흩어진다

말들이 세웠던 의미들이 부서진다

만남도 헤어진다

소리만 남는다

바다에 오래 서면 바다냄새가 짙어진다

바다냄새가 짙어지고 떠났던 것들이 다 모이면

바다는 바다가 된다

너도 바다가 되고 나도 바다가 된다

우리 모두 바다가 된다

갈등을 접고 시간이 바다가 된다

수평선이 무너지고 하늘이 바다가 된다

하늘에 떴던 것들이 바다가 될 때마다

그럴 때마다 바다는 소주를 마신다

소주를 마시면 눈물도 바다가 된다

눈물이 바다가 되면

바다는 작아지고

작은 바다가 밤바다

울음만 설설 떠 있는 바다가

밤바다

밤이면 밤마다

누군가 밤이면 밤마다 외로운 내게로 가만히 와서
잠이 들 때까지 도닥도닥 만져주었으면
잠이 들 때까지 나의 온갖 생각들을 얼러서
온전히 나일 수 있게 달래고 꿈 한번 그윽이
꾸게 했으면 꿈에서 솜털 같은 뿌리들이 자라
뿌리마다 다른 꿈들이 열리고 뿌리마다 다른 잠을
잘 수 있게 노래나 가락지게 불러주었으면
밤이면 밤마다 누군가 편지를 써서 내게로 왔으면
별빛으로 쓴 편지가 참 따뜻했으면
누군가의 손이 나의 피 묻은 글자들을 꺼내어
편지로 들어가서 별이 되게 했으면
편지에서 별이 돋아서 피만큼 붉게 반짝였으면

누군가가 나를 데리고 바다로 갔으면

누군가가 나를 데리고 바다로 갔으면

누군가가 나를 데리고 모든 골목을 다 돌아서

바다로 갔으면

골목마다 괴어있던 나의 흔적들이 파도를 타고

흔들리다가 과꽃이 되었으면

누군가 밤이면 밤마다 처절한 내게로 가만히 와서

잠이 들 때까지 도닥도닥 만지다가

자유로 갔으면

자유로 가서 흩어졌으면

자유로 가서 오르가슴으로 흩어졌으면

방가지똥에 대하여

방가지똥 슬프면 흰 눈물 흘리고 방가지똥
오래 슬프면 검은 눈물 흘리고 방가지똥
슬프면 방아깨비도 슬프고 방아깨비 슬프면
방아 찧고 바람 타고 방아 찧고
죽을 때까지 꺼떡꺼떡 방아 찧고
방아깨비 방가지똥 찾아와 방가지똥
노란 꽃 필 때까지 눌러살고
방가지똥 하고 부르면 방아깨비 방아 한 번 찧고
방가지똥 방가지똥 두 번 부르면 방아 두 번 찧고
방가지똥 방가지똥 방가지똥
그러다 사슴 같은 방아깨비 도망가고
바람 누르며 도망가고

뒷목 빳빳 세우며 도망가고

내가 도무지 몹시 심심하면 방가지똥 보고

방가지똥도 나를 보고

방가지똥이 지그시 나를 보고

불온을 꿈꾸며

꿈꿀 것은 다 꿔서
꿈꿀 것이 없어서 불온을 꿈꾼다
안에서 차올랐다가 사라지는 것들
자꾸 밖에서 만나려고 한다
마음 같아서는 안 될 것도 없는데
될 것 같아서
꼭 될 것만 같아서
과정 없는 결과를 서둘다가
결과 없이 스러진다
그래, 아프지 않고 사랑이 올까
삶이 다시 삶이어서 저릿하다가
돌아앉아 또 불온을 꿈꾼다

버릇처럼

아프지 않은 사랑을

속삭인다

빈집

다시 돌아온 집은 비었다
누가 있을 거라고 생각은 안 했지만
비었다 방문을 열었다
싱거운 시간들이 문틈으로 새기 시작한다
컵라면을 뜯고 거기에 있던 질서의 틈으로
뜨거운 물을 채우고
뚜껑을 닫고
3분이다 3분을 기다려야 한다고 웅얼거려도
그 밑에 대답할 시간들이 죄 도망가서
조용하다
도대체 이 망할 놈의 무모한 변화에 대하여
적응할 그 무엇도 없이 혼자인 것을 투덜대고

김치를 꺼내려고 냉장고를 열어도

김치가 없고

여보, 불러도 사각 틀에 들어간 얼굴은

웃기만 하고

오랫동안, 오랫동안

빙판 구간

나 못 가 아냐 갈 수 있어 절대 못 가 나만 믿어
나한테 바싹 매달려 나에게 다 맡겨 어르고
달랩니다 마지못해서 집사람이 기댑니다
미끄러지지 않기 위해서 필사적으로
균형을 잡습니다 햇볕에 겉만 녹은 얼음이
반들거립니다 그게 얼마나 미끄러운지
낮 빙판에서는 햇볕도 사르르 미끄러집니다
바람도 미끄러지다가 한쪽으로 쏠립니다
겨울만 되면 트레킹화를 꺼내고 바닥에 뾰이 큰
나사못을 지면밀착부분에다 박습니다
뒤꿈치 부분에 두 개 앞발바닥 부분에 한 개
그러면 그것이 도시형 아이젠이 되어서

웬만한 빙판에도 끄떡없이 걷게 해줍니다
오늘 오후 집을 나서서 과기대 쪽을 걷는데
빙판 구간을 만났습니다
집사람이 아직 살아 있었던 작년 겨울에 걸었던
그 구간입니다 영하 십도를 밑도는 온도가
그동안 내린 눈을 얼렸다 녹였다 거듭하면서
종일 그늘인 거리 전체를 빙판으로 만들었습니다
여지없이 미끄덩거리며 균형이 어긋납니다
내가 만든 도시형 아이젠에 힘을 줍니다 순간
거짓말처럼 균형이 잡힙니다 그런데 참
이상도 합니다 균형은 잡혔는데 자꾸 왼편이
무겁습니다

나 못 가 절대 못 가 귀에 익은 소리도 들리고

익숙한 무게가 바싹 기댄 것처럼

몸이 한쪽으로 쏠리며 기우뚱

기웁니다

사계리

순비기나무는 모래톱에 발을 박고 모래알 같은 꿈을 주어서 잎을 손처럼 오므려 받히고 보라색깔 혓바닥 같은 말을 굴린다 신석기의 간석기로 질근질근 갈아서 말이 부피를 갖게 만들며 피었다가 진다 팔천 년 전부터 모래톱마다 순비기나무의 발이 빠져 있지만 팔천 년 동안 모래알 사이에 낀 꿈만 골라내어 줍고 있다 순비기나무는 사람보다 먼저 말을 사곗동산 곳곳에 보라색깔 꽃을 열고 설쿰바당에다 말을 던져서 바위 구멍을 메워도, 메워도 구멍이 자꾸 생겨나서 슬프다 순비기나무가 슬프니까 사계리가 팔천 년 동안 깊이 슬프다

사냥꾼

코를 벌름거리지도 않았다

한쪽 눈을 지그시 감지도 않았다

그저 걸었을 뿐

걸으면서 모든 것을 다 검색한다는 일이

불가능했다

이미 구닥다리가 된 안경을

고쳐 쓴다고 해서 보일 문제가 아니었다

선택의 범위는 하나였다

언제나 그랬듯 탄알을 꺼내어

안경 뒤의 눈에 끼웠다

낡은 핸드폰 차례가 온 것이다

구닥다리가 된 안경과 달리 구닥다리

핸드폰은 놀라울 만치 겨냥하는

꽃의 심장을 찾아내서 격발했고

잘도 훔쳤다

먹고살자고 하는 일이 아닌데도 버릇처럼

완벽했다

오늘은 민들레의 노란 심장이

털렸다

사랑만 남았으므로

어느 날 모든 것들이 빠져나가 서늘한 가슴에
되짚어지는 것 하나
싱긋 미소도 아닌 눈빛도 아닌 기울기
저 혼자 설 수 있는 각도를 잃고 기대어 오는
몸의 무게
당신 떠나고 우리에게
무게에 눌린 자국만큼
아프지도 않고 서럽지도 않고 서툰
사랑만 남았으므로
당신께 부치는 편지는 그저 매일 가벼워서
들고 나서는데
불곡산 자락으로 가는데

속에서는 종일

그렁그렁 눈도 내리고 비도 내리는지

터질 것처럼

흐렸다

사랑에 대하여

혹하지 말아야 한다

아무것도 아닌 것들이 너무 많다 그러니까

눌어붙어서 마치 정화의 기호라도 되는 듯하는

착각들

그 착각들이 뜨고 진다

하루의 길이만큼 하루를 모방한다

모방하면서 꼭 객쩍은 소리를 하는

온통 시늉의 세상에서

그대여 정말 자신 있는가

나는 휘파람 한 줄 불다가

그 휘파람을 접고 멀어질 텐데

한 가닥 가난한 금을 그을 자신 있는가

자신 있으면

그대여 그때 미친 듯이 사랑하라

사망신고

직접사인 호흡부전 (가)의 원인 뇌 전이를 동반한 폐암

병사라고 썼다

발병일시 2011년 1월 사망일시 2017년 5월 25일 03시 10분

그러니까 아픈 채로 7년 5개월 살았다고

사망신고를 했다

집사람을 가장 잘 아는 남편인 내가

눈 감은 지 꼭 보름 만에 동사무소를 찾았고

집사람의 주민등록증에 구멍 두 개가 팡 뚫렸다

이로써 행정적인 모든 조치는 열흘 이내로 다 취해질 거라고 했다

나머지는 개인이 알아서 하는 거라고 했다

종일 비가 내렸다

꽃말이 '영원한 행복'인 철길공원의 루드베키아도

도르르 눈물을 비쳤다

2017년 5월 25일 03시 10분

집사람이 나를 보면서 흘렸던 바로 그 눈물이

방울방울 맺혔다

'안녕, 내 사랑'

그날 난 오랫동안 혼자였다

산굼부리 일몰

산굼부리에서 해는 종일 겸손하다 종일
겸손하다가 질 때가 되어서야
저가 가진 것을 부려놓고 운다
사람이라는 명사는 오만해서
어디에서든 불화다
어떤 때는 저가 먼저 더워서 더운 채로
산굼부리에 오른다
오르기만 하지 부릴 줄을 몰라서
지지 못하고 내려온다
오름이거나 갈대는 산굼부리에서
해가 부린 것을 매일 받아 쌓지만
사람들은 받지 않고 되쏜다

사람들은 빛도 구부려서 버린다

구부린 것들의 비명을 듣다가

모든 것이 내일 낯설다는 걸 알아서

꺽꺽 해가 우는 저녁

사람들만 자꾸 징얼거린다

산다는 일이 어쩌면 울고 있는 거다

오늘 아침 햇빛이 시끄럽지 않았으면
난 결코 일어나지 않았을 것이다
시간들을 매수하여 잘살고 있는 것들에 대해
양양대지도 않았을 것이다
죽었으므로 죽지도 않았을 것이고
죽었으므로 그대의 속을 긁을 일도 없었을 것이다
상처가 없는 그대들은
상처가 없어서
아마도 딴짓을 할 것이다
사람을 좋아하거나 미워하거나
잃고 나면 어떤 부피로도 남지 않아서
그대가 들어왔다가 나간 자리

부피가 없는 통점

그저 통점으로

가만히 쓰려서

사람을 좋아한다는 일이 꼭 울음처럼

여겨질 때가 많았다는 박준의 말처럼

산다는 일이 어쩌면 온통 울고 있는 건지 몰라

혼자서 애꿎게 거울만 봤다가 말았다가

거울 안의 나를 껴안았다가 밀쳤다가

그러고 있다

새벽 뜨락

언제는 혼자 아니었나 싶어 혼자 걷는데
바람이 나를 흔들다가 비낍니다
동녘 어스름 아직 다가설 기미가 없고
딱히 갈 곳이 없습니다
내가 당신 손을 잡아야
동네라도 한 바퀴 돌고 올 텐데
아무리 손에 힘을 주어도 빈손입니다
새벽마다 아파서
채 밝기도 전에 아픈 것들이 먼저 깨어서
우리가 곡절 끝에 선택한 것이
밖으로 나가 통증을 방출하는 거였는데
신통방통 진통이 되곤 했지요

아까부터 방향을 잃고 우두커니 그냥 서서
기다려서는 안 될 것들을 기다립니다
방출해서는 안 될 것들이
통증이 아닌 것들이 빠져나갑니다
내가 봐도 어리석게 버리기만 하고
채우지 못하는 내가 미운 것을
미움이 버릇으로 굳기 전에 내가 점점 아픈 것을
그래도 다행이다 싶기는 합니다
당신이 아팠을 때 내가 곁에 있어서
당신이 마지막 숨을 놓을 때 내가 위로해주어서
내가 당신 아픔까지 다 사랑할 수 있어서
그러나 이제 어떡해요

내가 많이 아플 때 가만히 내 손 잡아줄 손이

없어서

새벽 뜨락 텅 비어서

당신이 미워서

詩와 그리움

바람이 조금 일었다
시간은 바람 끝을 물고 빠르게 흩어졌다
모든 것으로부터 멀어지려고 눈을 감았다
멀어질 수 없는 것 하나가 어둠 속에서
반짝거렸다
우리의 이별은 왜 완벽해지지 않는가?
외로움은 그렇게 나의 내면에서 꿈틀거렸다
볕이 따뜻한 날은 꽃으로 피었다
비가 오는 날은 빗줄기 틈을 메우며
안개로 흘렀다
물안개가 아무리 짙어도
지워지지 않는 외로움은 그리움이다

그리움을 詩로 쓰면 詩가 아니지만

詩를 읽으면 詩가 그리움이 되었다

이제는 해가 지기만 해도

그리움이 데굴데굴 굴렀다

구르는 소리 따라 밤을 굴리며 꼬박 새운

그런 날 아침 詩를 쓰고

추레한 모습 그대로 꽃집에 들러

장미 백 송이를 샀다가 물렀다

화병이 없으므로

그리움은 아직

인상주의였으므로

첫눈이 내리지 않았으므로

무엇보다도 너무 쓸쓸한 날 장미 백 송이는

나에게 과한 것이므로 꽃을

물렀다

손가락의 기억

어느 날은 손가락의 기억으로
살 때가 있다
손가락은 자기가 만진 것을 기억했다가
가물가물 나를 데려가는데 때로는
아팠던 것들이
멍울이 되기도 한다
무엇보다도 생명의 근원에
깊이 다녀온 것과
딱딱한 씨앗을 무를 때까지 주물러
깨운 것을
속삭이기도 하고
닦았던 눈물이 결절로 접혀

서럽기도 하고

명랑한 모험을 떠나기도 하고

아, 몹시 덥기도 하고

詩가 있는 애월

애월 무덤가에 무릇꽃이 가득 피고 잔디가
풋내를 내며 웃자라고 있을 때 그대 바다를 훔치면
바다의 깊은 데서 비틀려 올라오는 하얀 기운
그것이 詩인가 하고 섣부르게 받아들이고 뜨지 말 것
혹 그대의 뜨거운 것들이 남아서 그걸
웅얼웅얼 외우지 말 것
외운다는 것은 무덤에 누워 있다가 삭는 이름만큼이나
바람보다 더 가벼운 의미
아무 상관 없는 관성이거나
그대 다시 애월에 들어설 때를 노린 함정이거나
詩는 외워서 전이 되는 것이 아니므로
詩는 유혹이 아니므로
詩는 전단이 아니므로

그대로 둘 것

비를 맞던지 파도에 밀려 떠다니던지 목이 마르던지

다만 그대로 둘 것

어느 때부턴가 사랑하지 못하는 애인아

그대 그냥 애인인 채로 애월 화강암 검은 해변을

걷다가 잠깐 멈추어

한 십 초쯤 나를 가여워하다가

해죽이 웃으며 가슴을 열고

바다에서 떠도는 무릇꽃과 잔디의 풋내만

꾹꾹 눌러 담을 것

詩가 있는 애월에서

그대 그냥 늘 애인인 채로

시월

그렇게 들었다 시월은 신음을 내지 않을 거라고
개켜진 틀, 견고한 축, 눈을 감을 때마다 들리는
흐린 말들의 발음
그 밖의 자잘한 기별들이 조합해낸 의미와 이별
그렇다 상실은 아픔을 가져간 것이 아니었다
헐은 자리를 자꾸 헤집는 것이었다
헤집을 때마다 통증이 무서운 속도로 의식을 눌렀다
통증이 의식을 누를 때마다 나는
세상 밑으로 가라앉았고 더 납작해졌다
납작해져서 바닥에 널브러져 있어도
부를 사람이 없다는 것이 서럽고
바람이 조금만 차도 서럽고

바람이 벌써 차가운데도 여릿여릿 피는

찔레장미가 서럽고

바람에 밀려 떨어진 낙엽이 서럽고

나는 아픈데 아무렇지 않게 무심한 세상이 서럽고

찔레장미에게 누가 조금만 다가가도 서럽고

상실했는데도 자리가 비지 않아서 서럽고

내가 누군지 잘 몰라서 서럽고

내가 쉽지 않아서 서럽고

신음도 없이 너무 빨리 멀어지는 시월이 그냥

서럽다

시월에는 걷는다

시월에는 바람처럼 걷는다
외등 꺼진 바다까지 걷는다 아직 바다가 되지 못한
너의 눈 속을 걷는다 언제 꺼냈는지도 모를 낱말 하나
우물거리며 걷는다
낱말이 녹으며 사람들의 이야기를 만들고 우리는
그 이야기 속으로 들어간다
나는 아직 오이디푸스 콤플렉스를 몰랐다고 고백하는
에리히 프롬의 낮은 목소리를 기억한다
문밖으로 나아가는 건너뜀과 그로 인한 상실을 기억한다
시월에는 지금의 현실이 불행한 길 잃은 사람들의 방황과
그 방황까지 털어낸 빈 껍데기들의 무덤을 본다
무덤의 잔디들이 노랗게 죽어가는 것을 본다

단지 시월이기 때문에 죽어가는 잔디들
아들에게서 어머니로 흐르는 콤플렉스와
어머니에게서 아들로 번지는 콤플렉스의 기운으로
죽어가는 잔디들
시월에는 네가 나의 잔에 커피를 채울 때까지 걷는다
까만 커피가 채워질 때쯤이면
커피는 유리잔 안에서 외등 꺼진 바다가 될 것이고
나는 바다에 빠진 에리히 프롬이 될 것이고 그러니까
시월에
사랑은 없다

신발 깔창의 돌

시간에 쫓겨서 신발을 그냥 꿰다시피 신고 나왔다
몇 발짝 떼기도 전에 발바닥에 이물이 느껴진다
작은 돌 같은 것이 디딜 때마다 압박해온다
편히 걷기는 틀렸다 그렇다고 길 한가운데서
신발을 벗고 털기도 뭣하고
지하철 승강장으로 내려가는데 사람들은 왜 그리 많은지
지하철에 타서도 앉지 못하고 내내 서서 가는데
한 번 느껴진 그 돌은 이리저리 굴러다니며
여기서 한 번 쿡, 저기서 또 쿡 신호를 준다
크지도 않은 것이 사람 신경을 있는 대로 긁는다
하는 수 없이 중간에 내려 화장실로 들어가자마자
신발부터 벗었다

벗은 신발을 거꾸로 들고 탁탁 털어서 신었다
그런데 어디 숨었었는지 또 이물이 느껴지는 것이다
다시 벗고 다시 신고
양말도 벗어서 흔들어서 신고
그래도 여전히 분명한 이물감
도대체 얼마나 작은 놈인지 이번엔 신발 안쪽으로
손을 넣어 훑었다 그제야
손가락 끝에 딱 걸려서 나온 녀석
모래보다 작은 알갱이 하나 꺼내고 나서야
신발이 편하다 신발이 편하니까 온 세상이 평화다
작년 집사람 살아있을 때
손을 잡고 반 부축으로 걷는데 집사람이 자꾸

발을 움찔거리는 것이다

돌 들어갔어? 걷다가 멈춰서 신발을 벗기고 탁 털어서

신겼다 그래도 또 움찔거려서 또 벗기고 신기고

손으로 훑어서 신겨서야 비로소

집사람 얼굴에 도는 평화였다

그때도 그랬다

평화를 깨는 것은 아주 작은 불편 하나였다

아름다운 밤

어깻죽지에 주먹만 한 돌이 들어앉은 지
꽤 됐다 그냥 불거진 것 외에는 가만있다가
오늘 새벽에 욱신거리기 시작하더니
온종일 치대다 못해 아예 팔을 못 들게 만든다
밖이 영하로 얼어붙었다는 걸 용케 알아서
이게 또 지랄이다
집사람 자리보전한 뒤로 간병하다가 생긴 것이니
벌써 한 칠팔 년쯤 되어서
나는 죽었다고 치는데 그것이 죽은 듯이
살아있었나 보다
간병할 때야 간병하느라 제꼈고
집사람 세상을 뜬 뒤에는 당최 겁이 나서

병원에 가지 못하고 냅뒀는데

주인이 겁쟁이라는 걸 눈치챘는지

평소에는 티를 내지 않기로 타협해서

참으로 다행이다 싶다가도

그게 하필 오른팔이라 수저도 제대로 들지 못하고

어정거리려면 속에서 열불이 나

한밤중까지 식식거리다가 창문을 열었다

훅 턱을 치고 들어오는 찬바람 너머로

폴폴 함박눈이 막 내린다

주섬주섬 신발을 꿰고 우산을 들고 나가려다가

팔이 아파 어차피 펴지도 못할 것 같아서 두고

서두른다

우산 따위 던지고 나오길 잘했다

온통 하얀 세상

이 아름다운 밤

아무르, 아 아무르

하필 블라디보스토크를 꿈꾸었는지 몰라
꿈에서 블라디보스토크에서 흔들렸고 아무르에서도
흔들렸고 한 번도 가본 적 없는 블라디보스토크에서
발해의 왕관을 쓰고 춤을
아무르에서는 등자를 밟고 춤을
왜 추었을까요?
춤을 추었다고 느낀 것이 사실은
말을 타고 달리는 리듬이었을까요?
그대여, 내 앞에 서지 말고
겨우 찾아오는 빛을 가리지 말고
차라리 내 옆에 누워서 같이 같은 꿈을 꾸면서
블라디보스토크까지 도망쳐 온 필연과

위대한 혁명도 사실은

두 발을 디디는 균형에서 발원한

자유에서부터임을 변명하고

뜨겁게 손을 잡아요, 그대여

그날부터 그대는 나의 자유를 가두고

블라디보스토크를 떠나

아무르, 아 아무르강 변에서 검은 물을 떠 눈을 씻고

꿈으로 돌아가요

나를 소유하세요

아버지

에어컨을 켰다 에어컨을 켤 때마다 이마에 손을 자주 얹어야한다
체온이 내려가면 에어컨을 꺼야하기 때문이다 아버지가 이마에 얹힌
손에 가만히 기댄다 아들아, 아버지가 말을 하는 거다 아버지의 언어는
우리가 알고 있는 언어가 아니다 아버지는 어느 때서부터 당신이
익숙한 언어를 버리고 다른 세상의 언어를 빌려다 쓴다 묵음의 그
언어는 때로는 기울기로 때로는 허파의 바람으로 발음한다 아버지의
다음 말은 뻔해서 아버지의 다음 말을 듣고 싶지 않은 나는
뭉그적거리다가 손을 뗀다 파킨슨이 온몸을 점령하고 나서
완전히 잃어버린 연하작용 때문에 숨을 쉬기 위해서 목에다
기관지관을 삽입한 뒤로 화가 나면 그 관으로 쉬익 공기를 뱉는다
아버지의 제2의 언어다
아버지는 기미년 만세사건이 나던 해에 태어났으니까 올해로 꼭

백년을 살았다 그러니까 아버지 구순에 들면서 원고를 수합하여
문집을 만들어드렸는데 그 때 책 제목을 고심하다가
'백년, 그 생각의 중심'이라고 붙이면서 백세까지 사시라고 드린
덕담 그대로 아버지가 백세까지 살고 있다
아버지는 꼿꼿한 애월의 자존심, 그러니까 차마 일제 밑에서 관직은
못하겠다며 군수를 맡아달라는 제의를 단칼로 베어버린
독립운동가의 아들로 태어난 아버지는
이 땅의 진정한 독립운동은 오직 교육에 달렸다며 결심 그대로
한평생을 교육에 몸담았다 당신의 고집대로 독립이 되어서도
아버지는 계속 교육의 현장에 있었다
그런 아버지가 점점 가볍다 '아들아' 몸을 기댈 때도 '쉬익' 화를
낼 때도 아버지 몸은 참 가볍다 언제나 한라산 같은 아버지였는데

내가 들어도 번쩍 들리는 산이 되었다 어쩌자고 그 산이 오늘

자꾸 내게로 기운다

앞바다

내가 좋아한 앞바다는 그늘이 있다
그늘이 있어 숨어있기 좋은 바다
나를 쳐다보지 않지만
내가 외로울 때
먼저 잘랑잘랑 말을 거는 앞바다
앞바다의 그늘은 깊어서
별들도 툭하면 내려와 숨었다 간다

아버지의 언어

말이 더 이상 소용없다며 말을 버린 뒤로 아버지는
소리가 안 나는 말을 터득했다 그러니까
무엇을 삼켜야 뱉을 수도 있는데 아예 목 넘김이 안 돼서
안의 것을 밖으로 꺼낼 수가 없는 아버지를 보면서
우리가 쓰는 말이 결국 내 안의 것을 밖으로 꺼내는 것임을
알았다 그래서 말을 함부로 해서는 안 되는 것이었다
아버지는 몇 년째 환자용 전동침대가 당신의 온 세상이어서
침대 위에서 자고 깨고 사색하고 배설한다 그러면서
생존을 위한 내력을 꼼꼼히 기록하다가 예고 없이 번쩍
눈을 뜰 때도 있지만 눈을 뜬다는 것은 다만 어떤 상징이 된 지
오래다 이제는 눈으로 무엇을 보고 담을 수가 없다 그래서
세상과 유리된 아버지의 언어는 요란하지 않고 단순하다

유일하게 움직일 수 있는 머리를 가만히 기대는 것과

목을 뚫고 기관지에 삽입한 튜브에다 쉬익 공기를 뿜는 것

좋아하는 것과 불만의 것 두 가지가 당신의 언어 전부다

아버지의 언어에 비해서 우리들의 언어는 얼마나

복잡한 것인가 생각해보면 다 버려야 할 것들이다

애기똥풀 밭

공릉동 어귀 어물쩍

사월 건너는데

여기저기 싸질러놓은 애기똥

가득하다

누가 그 밭 질러갔을까

발자국마다 애기똥물 고였고

애기똥풀꽃 보는 눈에

애기똥물 그렁그렁

노랗게 들었다

어머니

_헌시 이정원

입 안에 있을 때보다 밖으로 나왔을 때

더 따뜻한 이름이 있다

세상에 눌린 나의 기울기를 받쳐주는

이름이 있다

쭈글쭈글하지만

쭈글쭈글하니까 아름다운

모든 여자의 시작인 이름이 있다

어머니

늘 고여 있는

여자에게

가만히 꽃을 본다 꽃도 가만히 나를 본다

꽃은 저를 보지 않는 사람을 보지 않는다

미우면 꽃도 앵돌아앉는다

앵돌아앉아서 속을 끓다가 속을 끓다가

죽는다

오기

몇 편의 시에 대해서 생각을 나누면서 시를 읽었던
선생이 모처럼 전화를 해서는 딸 출산예정일이 언제냐
태아 성별은 알고 있느냐 별별 걸 다 물어서
무슨 일인가 싶더니 자기도 엄마가 안 계시는 중에
첫아이를 낳아봐서 그게 얼마나 서러운지 사무쳤었단다
하기야 나도 문득문득 그런 생각이 들어
입덧 다 받아주면서 먼저 자리를 비운 제 어미 역까지 하느라
나름 기를 쓰기는 했다 그러던 차 저희 할아버지
간병하느라 딸과 떨어져 있으면서도 매일 전화를 걸어
이것저것 간섭도 했다 그러던 중에 딸이 문자를 보내왔다
'아빠 아시는 분이 배냇저고리 속싸개 모자 양말 손 싸개
발싸개까지 완전 예쁜 거 많이 보내주셨어요. 덕분에

신생아 출산용품 따로 안 사도 되겠다고 정말 감사하다고
인사 꼭 전해주세요.'
아, 그러려고 그때 꼬치꼬치 물었구나, 끄덕이며
선생에게 고맙다 문자를 넣었다
'소중한 아기용품을 택배로 보내서 맘이 편치 않았습니다.
따님에게 조금이라도 보탬이 됐으면 좋겠어요. 선생님의
은덕 갚을 길 없는걸요. 늘 감사드립니다.'
시 몇 편 함께 읽어준 일밖에 한 일이 없는데 그걸 은덕으로
오기를 부리는 걸 보니 그 선생 앞으로 일 한번 단단히 저지를
시인이겠다

오독

뭐가 잘 못 됐다

그게 아니었다는 걸 알았을 때는

너무 늦어버렸다

사랑한다고 하고 있었는데

미워하는 것으로

잘 못 읽었다

돌아서 달렸는데

너는 거기서 그렇게

딱 하루만 피는 꽃으로

다녀갔다

오리 들다

유월 말일에 오리 다섯 마리가 입을 꾹 다물고
집으로 들어왔다 내 시시한 이름을 어찌 알고
내 이름을 대며 밀고 들어왔다 다섯 마리가 동년배인 듯
한결같게 엉덩이에 살이 실했고 부리와 눈알을 빼앗겼다
부리와 눈알과 물갈퀴를 빼앗겼다
진술을 하지 않으려는 의도적인 분장이다
깃을 다 벗었는데도 그은 피부에 자르르 기름이 돌았다
무슨 말을 하고 싶었을까?
빼앗긴 부리에는 무슨 색깔의 편지지가 물려 있었을까?
둔탁해진 부리 끝으로 흙을 들춰서 수확한 모음과 자음
그 융합과 분열의 꽃들이 어떤 의미로 박혔을까?
귀를 갖다 댔지만 아무 소리도 안 들렸다

지구 어디에도 물갈퀴의 지문이 남아 있지도 않았다

그렇다 빼앗긴 것들을 추적할 이유를 찾지 못하겠다

꽥꽥거리지도 않았고 무엇보다도 암시할 눈알이 없어서

검시를 해도 알 수 없는 것들

결정적인 진술을 받지 못하겠다 알다시피

잔술이 없는 정황은

얼마나 허술한 거짓인가 그러니 사랑하는 사람아

오리의 부리와 눈알과 물갈퀴를 빼앗은 당신의 의도를 들어야

이들이 나의 집을 침탈하여 나의 무엇을 유혹하려는 건지

알겠다

유월 말일에 입을 꾹 다물고 이름을 대며 집으로 밀고 들어온

오리 다섯 마리에게

나의 무엇을 내줘야 하는지를

무엇으로 채워야 하는지를

우중 백련사

빗물이 차창에 맺혔다가 와르르 쏟아진다
쏟아지면서 길을 낸다 와르르, 길이란 그런 것이다
제 무게에 못 이겨 구부러졌다가 완만했다가
바쁘게 달려야 하는 것이다
누구라도 길 위에 서면 울퉁불퉁해진다 사는 일이
울퉁불퉁하고 우리는 모두 그런 곡예에서 위험하다
위험해서 부대낀다 추억은 부대낌에서 나온다
추억이 빗물에 녹는다 추억이 녹아야 빗물이
흐른다 우리는 길 위에서 흘러야 한다
우리가 흐르는 길은 누군가 쏟아지면서 낸 길일 것이다
쏟아진다는 것은 모든 것을 다 거는 일이다
쏟아지지 않는 인생은 흐르지 못한다

젖은 차창으로 피었다 지는 길섶의 꽃들이 들어온다

차창에 소리를 빼앗겨 꽃은 모두 묵음으로 흩어진다

소리가 사라진 소통은 불안하다 그러니까 꽃들과 소통했던 것들만

살아남을 것이다 지상의 모든 살아있는 것들은

죽음을 지난다 매일 죽어야 매일 산다 삶이 그런 것이다

비의 낭만은 줄기차지 않는데 있다

비가 줄기차게 쏟아지면 그건 이미 비가 아니다 죽은 비의

투항일 뿐이다 굵거나 여리거나 교차되어야

비의 낭만이다 존재하는 것들도 빠르거나 느리거나

되거나 열거나 리듬을 타야 산다

소리가 없는 것도 소리일 수 있다는 생각이 생각만으로

서늘할 때쯤 차가 속도를 올린다 차창의 빗물이 밑으로

내릴 새도 없이 수평으로 밀린다 길에서 벗어나
옆으로 밀린 것들은 다시는 길 위로 돌아오지 못할 것이다
영영 인식에서 지워질 것이다 인식해야 의미가 생기는 것이므로
인식하지 않는 삶은 무의미하다
차가 속도를 줄인다 비가 제 무게로 떨어진다
비의 무게에는 언제나 시간이 얹혀있다
비가 죽을 때 시간은 비에서 나와 다시 빛이 된다
차가 출렁인다 출렁일 때마다 차 지붕 위에 실렸던 빗물이
앞 유리창으로 벌컥 폭포처럼 쏟아진다 덜컹 와르릉 덜컹 와르릉
쏟아진다 지붕에 고였던 것들이 얼마나 많아서
저렇게 와르릉와르릉 울까 비가 운다는 것은 무엇이 되고 싶다는
기도일 것이다 무엇이 되고 싶을까 비는

스몄다가 별이 되어 반짝이는 꿈을 꿀지 몰라

비가 꿈을 꾼다는 것은 무지개를 보면 안다

색깔을 있는 대로 찢어 빛나게 하는 것 봐 분명

별이 되고 싶을 거다 아니지 그건 일방적인 우리의 강요이겠다

차가 섰다가 다시 움직인다 움직인다는 것은 생각을

움직이는 거다 우리가 산다는 것은 어쩌면 움직이기 위한 설정

이쪽에서 저쪽으로 건너기 위한 동기

그래서 나는 이유가 없기를 꿈꾸지

이유 없이 별이 되고 이유 없이 반짝이고 이유 없이 사랑하고

이유 없이 구부러질 수는 없는 것일까

눈을 감으면 뿌리가 나오는 생각이 있으면 좋겠다

잠으로 들어간 수염뿌리들이 생각의 근원을 흡착하여

끌어냈으면 좋겠다 마침내 근본까지 생각의 깊이를

완성했으면 좋겠다

차가 멈추고 뿌리를 거두느라 멈칫멈칫 내리는데

사월 비에 흠씬 젖은 강진 백련사가 동백 몇 송이를

데리고 나와 꾸벅

합장한다

옷을 갈아입으며

늘 입던 옷 그대로 입고 고향 집에 갔다
공항으로 마중 온 동생이 잔뜩 찌푸렸다
'형님 문인이십니다.'
낡은 청바지에 쭈글쭈글한 남방 차림이 영
마뜩하질 않은 거다
나이가 들어 고향에 함부로 내려오면
구설에 오른다며 누님도 한마디 거든다
'옷이 그거 한 벌뿐이냐?'
병실에 누운 채 눈도 못 뜨는 아흔여덟 아버지만
손에 느낄락 말락 가는 힘을 줄 뿐
아, 그런 거구나
서울에 올라오자마자 작심하고 바지를 사고
윗도리를 샀다

오늘 어머니 기일

구속되는 것처럼 옷을 갈아입으며

집사람 영정사진을 힐끗 봤다

집사람이 사각 틀 안에서

틀을 벗어나지 않을 만큼 씨익 웃었다

'당신도 늙었나 봐. 옷을 다 사게.'

생각해보니 돈을 주고 내 옷 산 것이

처음이다

낮에 본 공원 감나무도 어디서 샀는지

불긋불긋 옷을 갈아입고 있었다

감나무는 제 몸에 딱 맞는 자유를 도대체

어디서 샀을까

이월의 눈

기어이 눈다운 눈 못 보고 겨울 접는가 싶었는데
어쩌자고 이월 중순 들어서야 느닷없는 한파에 눈까지
함박 내린다는 예보다
어제 핀 봄까치꽃 삼삼하게 걱정이 되어서 잰걸음
서둘러 찾았다
아직은 잔열이 남아선지 눈발도 약하고 영 쌓이지
못하고 흐르기만 한다
그래, 그동안 기다린 것이 어디냐며
내 안에서라도 하얗게 쌓이라고 동공을 있는 대로
다 열었지만 눈발이 내 안으로 들어오기도 전에
너무 쉽게 녹아버린다 그러고 보니
첫눈만 기다린 것이 아니었나 보다

첫눈과 함께 차마 부르지 못한 이름도

사박사박 건너오기를

겨우내 꿈꾸었나보다

외로운 만큼 긴 꿈을 꾸었나보다

입술의 외곽

외곽선만 그려도 안이 다 채워질 때가 있다
경계를 넘어 저절로 말들이 침범할 때가 있다
말들의 불협화음을 읽다가 문득 그리움을
눈치챌 때가 있다 그리움이 있어서 말들이 그리움만큼
흐트러지기도 할 것이다 그러니까 외곽선만 봐도
육정이 일어설 때가 있다 흐트러지니까 그리움이다
흐트러지니까 그리움이고 그리움이니까
불협화음이고 그러다 보면 자꾸 갈피를 잃은
마음이 네 쪽으로 기운다 기울기에
마찰의 힘을 빼앗긴 욕망이 미끄러진다
자르르
자르르

겨울이 가는 소리가 겨울이 오는 소리처럼 들린다

너도 그렇게 만남인지 이별인지 몰라서 서럽다

모두가 서러운 날이 있다 그런 날 너의 입술의

외곽선을 뚜렷하게 그린다

입술의 외곽 안에서 흐르고 싶어

들끓는 말의 숲을 흔들며 운다

자화상

들리지 않는 말을 하고

보이지 않는 것을 보고

늘 흙에다 귀를 대고

점점 사람에게서 멀어지고

그것참

어느 것 하나 마음에 들지

않고

쥐똥나무

아픈 집사람 손은 늘 차서 그 손을 잡은
내 손도 차가워지면서 아프다
느린 보폭을 맞추려는 내 대퇴부가 비정상의
속도에 적응하려니 삐끗 아프다
그렇게 철길공원을 걷는 우리는 맨날 아프니까
아프지 않으려고 부림을 치면서 또 아프다
삶이 아픈 거다 여기면서 깊이 아프다
아픈 집사람이 걷다가 아예 멈춘 곳에 따르륵
흰 꽃이 달린 나무가 있다 다른 꽃에는 없는 벌이
거꾸로 모로 달려드는 꽃에 코를 대기도 전에
온몸의 통점을 허무는 알싸한 냄새
"무슨 꽃이야?"

아, 분명 알고는 있는데 이름을 못 댄다
따르륵 핀 꽃이 너무나 익은데 도통 모르겠다
집에 돌아와서 세 시간째 인터넷에 매달려도
모르겠다 '5월 흰 꽃나무'를 검색하고
안경을 고쳐 쓴다 '늦봄 흰 꽃나무', 그냥 '흰 꽃나무'
별의별 이름을 조합해도 안 나온다 김 서린 안경을
벗다가 머리 한쪽을 문득 스치는 이름
그렇다 쥐똥나무
부리나케 '쥐똥나무꽃'을 검색창에다 처넣자
드디어 뜨는 이미지 따르륵 핀 희고 작은 꽃
맞다, 맞다 느린 집사람을 붙잡은 그 나무가
쥐똥나무였다

첫눈

첫눈을 기다리는 건지 첫눈 같은 사람을
기다리는 건지 하얗게 밤을 새웠다 흐린 새벽이
기척도 없이 벗겨지는 시간 깜빡
꿈을 꿨다 공릉동에 사분사분 파란 눈이
내리는 꿈을 파란 눈 위에 파란 발자국이
찍히는 꿈을 발자국마다 그 사람 이름
두근거리며 고이는 파란 꿈을
꿈을 꾸는 동안 나는 가만히
따뜻했다

침묵을 밟으며

침묵을 밟으면 갑자기 자갈들이
제자리를 찾는 소리가 들립니다
침묵을 밟으면 우리의 기억도
어디쯤엔가 쌓일 곳을 찾기 위하여
웅성댈지 몰라
느리게 발을 떼지만
왜 이리 조용할까요?
그 가을 그대 손은 따뜻했나요?
눈빛은 깊었나요?
목소리는 떨렸나요?
행여 가슴 터지게 서로 부둥켰나요?
너무 뜨거워서 다 타버렸나요?

다 타서 남은 것이 없나요?

침목이 바람을 안는 소리가 가벼워서

서럽습니다

우리 함께 마셨던 커피 향 아직

이리 짙은데

아, 우리 사랑은

없나요?

그대 없이 우산도 받지 않고 맞는 비가

참 찹니다

크리스마스, 크리스마스

해마다 그날이 오면 난 꿈 하나를 지웠다
꿈 하나를 지우기 위하여 별별 짓을 다 했다 꿈은
꾸는 것보다 지우는 것이 힘든 일이어서
미친 듯이 돌아다녔다 왜 그렇게 힘을 뺐는지
시간이 지나면서 흐려졌지만 대부분 아팠다
통증은 머리로부터 왔다 머리끝이 찢어지면서
가슴에 금을 긋고 멈추었다
금이 벌어질 때마다
숨을 쉬지 못하고 쓰러져 죽었다
죽은 사람의 꿈은 살아있을 때 꾸는 꿈보다
훨씬 구체적인 것이어서
대부분 실존을 내치고 대신 자리를 틀었다

그러면서 사랑했다

사랑은 늘 죽음과 맞바꾸면서 성장했다

죽을 만큼 사랑하지 않는 것은 사랑도 아니므로

제대로 된 꿈을 꾸기가 점점 힘이 들었다

불면과 함께 꿈이 사라진 것이 꿈의 누적 때문이라는

생각이 들면서부터 나의 소망은 꿈을 지우는 것으로

바뀌었다 꿈을 꾸는 것은 두려움이지만 꿈을

지우는 것은 아쉬움이어서

아쉬움은 지울수록 커지는 것이어서

아아, 크리스마스, 크리스마스

난 사랑을 지우지 못하고

울었다

키스할까요?

별 잘 들고 바람 휑하니 불고

알잖아요?

봄날

흰나비와

병아리꽃나무 흰 꽃과

흰 나

공릉동에 멈춰서는 문득

키스하고 싶어서 키스할까요?

궁상떠는데

저것 봐 벌써

붙었다

탑동 끄트머리 앞바다

탑동 끄트머리 앞바다를 본다 탑동 끄트머리 앞바다는
비가 내리는 날마다 불편하다 하산한 한라산의 껍질들이
멀리 가지 못하고 둥둥 맴돌거나 이질적인 것들이 서로
부딪칠 때 내는 소리로 꾸르륵 운다 어떤 때는
앞바다가 온통 흙탕이 되기도 한다 비로소 한라산과
앞바다가 만나는 일이다 옷을 벗고 속살을 잇는 일이다
한라산이 바다가 되는 일이다 그러니 신음이 안 나고
배기겠는가, 태고가 태고를 범하는, 순수가 순수를 범하는,
물이 물을 범하는 행사에 간섭할 수 있는 것은 바람뿐이어서
오늘도 바람이 가만히 다녀갔다 그 바람 사람이 사람을
만날 때도 다녀갔으면 사람과 사람이 부둥켜 하나가 되는
행사에도 가만히 다녀갔으면

탑동 앞바다

바닥에서 잘랑대는 소주 반쯤 빈 소주병을 비스듬히 들고
비스듬히 보아야 제대로 서는 바다가 있다
차츰차츰 오면서 깊이를 가늠해야 하는데 별안간 깊이를
잃어버리는 바다가 있다 사랑도 그러해서 별안간 떨어지거나
별안간 깊이를 잃어버리는 사랑이 있다 그렇다 별안간 미워지는
것들은 푸르다가도 저녁을 만나 어두워지는 시간 단 한 번에도
한꺼번에 빛을 잃는다 그럴 때마다 나는 앞바다로 나가
비스듬히 바다를 바라보는데 아, 바다 대신 눈에 들어오는 것들이
있다 대개 날것들인 그것이 또 슬프고 그런 슬픔이 익숙해서 슬프다
잇대어 쉬지 않고 출렁대는 물결 뒤에서 죽지 않고 살아
움직이는 것들 그 너머에서 오래 부대껴온 시간들이 가시가 되어
찌르는 통증

그러니까 돌아오지 말아야 하는 것들이 그리움이 되거나
통점이 되어서 살아나는 것이다 바다는 아프면 아픈 만큼 높이로
일어선다 일어섰다가 일어선 높이만큼 부서지며 눕는다
흰 포말로 내지르는 비명과 비명을 삼키는 바다는 같은 것이어서
삼키고 내지르고 또 삼키고 그러나 그런 반복의 버릇이
바다의 힘이 되어서는 안 되는 것이다 그 바다에 비가 내린다
비가 통점을 무너뜨리기를 바라지만 어쩌면 통점은 염분처럼 굳기도
할 것이어서 그래서 바다는 잊을 수 없는 것들이 너무 많다
잊을 수 없는 것들이 모조리 가시가 되어 무른 바다의 표면을 찌르고
무수한 통점들이 우우우 일어섰다가 누길 것이다 그런 것들이
삶이어서 다 게우고 비어서 가볍다가도 느닷없는 상실이 닥치고
그것은 아무도 메울 수 없는, 아무나 메워서도 안 되는 숙명으로

매김 할 것이다 어쩌면 바다는 중력을 놓아서

모든 안의 것들을 자유롭게 뜨도록 풀어줄 것이다 그러므로 우리는

바다로부터 뜨는 자유를 배워야 한다 아아, 떠서 흐르는 목숨

탑동 앞바다

평대리의 봄

평대리의 봄은 바다에서 온다

바다 밑에서 올라오는 내면의 잔잔한

울림 때로는 부서지고 때로는 흐르는 저

불규칙한 색깔의 깊이

바닷가에 아무렇게 놓인 의자에 앉아

옆의 빈 의자를 본다

평대리의 봄이 그 빈 의자에

따뜻하게 앉기를 바라나

오늘도 섬섬 바람만 잠시

기댔다 간다

폐철도

하늘이 반으로 접힌 날은
폐철도 녹슨 철로를 걸어야 한다
걸으면서 치통을 누그려야 한다
살기 위하여 기억에서 발원한 두통을 덜어야 한다
철로를 외발로 걸으면서
비틀대는 몸을 받쳐줄 중심을 만나야 한다
무거운 삶들을 싣고 굴렀을 쇠바퀴의
절묘한 회전을 배워야 한다
철로와 쇠바퀴의 구름마찰계수와 생존을 위한 구름
그 늙은 관성에서 튕긴 부스러기의 삶을
젊어져야 한다
굴러야 한다 어디선가 굴러오는 신호를

들을 준비를 해야 한다

가열한 연애를 해야 한다

폐철도 구역에서 우리는

한 잔의 뜨거운 커피를 마시고 눈을 맞추고

손을 잡아야 한다

풍경을 보면서

한 어진 목숨을 보내는 일이

살아오면서 느꼈을 갈등이 집약되는

풍경이다 바람 불고 비 오고 때로는

뒤집어지기도 하고

단축도 모질고 연장도 모진 풍경

한밤중에 공릉동에 내리는 눈

이런 밤에는 온통 노래가 되든지
온통 산문이 되던지
본의 아니게 밤의 신호를 읽어서
눈 속으로 들어가
아주 눈 속으로 들어가
부서지든지
부서져서 공릉동 철길 침목 위에
판을 펴든 지
시를 쓰든지
시를 쓰기 전에 귀를 닦고
길을 내고
길 위로 눈 내리는 소리가

미끄러지게 다져야 해

소리 없는 시는 시가 아니어서

소리가 먼저 달려오게

귀를 반질반질

그러나 길도 나기 전에 비끗

시 한 줄도 못 쓰고

괜히 눈물만 나고

서러워서 상투나 되고

무심히 편 책장을 읽지도 않고 넘기고

한밤중에 공릉동에 내리는 눈이나 깊게

밟고

| 발문 |

정종명〈소설가 · 한국문인협회 25대 이사장 역임〉

공릉동에는 김재천 시인이 산다

내가 김재천 시인을 만난 것은 1980년대 말로 기억한다.

처음에는 그가 시인인 줄 몰랐다. 아무도 귀띔해 주지 않았고, 김 시인도 내색하지 않았다. 그는 과묵하고 겸손한 사람이었고, 나는 나대로 어지간히 눈치 없는 청맹과니였다. 여러 해가 지난 다음에야 우연히 그가 시인임을 다른 사람을 통해 알았다. 뒤통수를 한 대 얻어맞은 기분이었다.

이번 일만 해도 그렇다. 그가 25년 만에 시집을 낸다면서 나더러 발문이든 평문(平文)이든 뭐 하나 써 달라고 찾아왔다. 주저하고 또 주저하다가 더 이상 버틸 수 없는 사정으로 시집을 내기로 마음먹었다고 그는 설명했다. 나는 시인도 문학평론가도 아니다. 상대가 다른 사람이었다면 단칼에 사양하거나 거절해야 마땅했다. 하지만 무려 30여 년이나, 알게 모르게 우정을 다져 온 사이였다. "잘 생각했다." "축하한다." 북 치고 추임새 넣다가 그만 코가 꿰어 어물어물 승낙하고 말았다.

김재천 시인은 평생 교육자의 길을 걸으신 아버지의 사랑과 관심으로 성장해 사회인이 되었고, 부모님의 내리사랑을 이어받아 가화만사성을 몸소 실천하는 삶을 살고 있다. 아버지는 백수를 누리고 가셨어도 영원한 그리움의 대상이고, 지병 끝에 유명을 달리한 부인에 대한 사랑 역시 지금도 끝이 없다. 이번 시집에서 아버지를 그리워하는 사부곡(思父曲)도 많고, 아내에 대한 그리움과 사랑이 넘쳐나는 도망시(悼亡詩)가 많은 배경도 거기에 있다. 그리고 그는 작정(?)하고 공릉동을 사랑하는 자천타천의 '공릉동 시인'이다.

김재천 시인이 25년 전 그의 네 번째 시집 『나비가 되고 싶다』를 상재하면서 책머리에 이런 내용을 밝힌 바 있다.

'세 번째 시집을 만들면서 내게 시심(詩心)을 길러주신 분이 바로 아버님이라고 밝힌 바 있다. 그렇다. 이번에 네 번째 시집을 엮으면서도 다시 한 번 그 말을 할 수밖에 없음을 밝힌다. 평생을 교육에 바치신 아버님은 당신의 장남인 나에게 시(詩)에 몰두할 수 있는 바탕을 길러주셨다. 당신이 직접 엽서를 보내기도 하면서, 문장으로서 세상의 전체를 바라볼 수 있는 열린 눈과 당당히 맞설 수 있는 뚝심을 가르치신 것이다. 평생 부정과는 아예 상면하기조차 거부해온 아버님에게 무한의 존경과 사랑을 드린다. 그래서 나 또한 아들에게 아버님을 자랑하며 그 정신을 곧게 잇도록 열심히 가르치고 있음을 고백한다. 이번 시집을 엮으면서 고마움을 보내야 하는 분이 있다. 온갖 어려움 속에서도 싫은 소리 한마디 없이 웃음으로 격려해 준 아내에게 큰 빚을 진 기분이다.'

그런 그가 이번에 상재하는 다섯 번째 시집 『공릉동』에서는 부인의 부재가 주는 아픔과 외로움을 작품으로 승화시켜 표현했다

그것은 문장이 아니었다
그저 하나로 닥치는 이별이었다
의미보다는

떠나기 전에 치러야 하는 의식이었다

마지막으로 불러보는 이름

마지막으로 만져보는 얼굴

마지막으로 건네주는 느낌

참 따뜻했다

고마웠다

저가 아는 소중한 언어를 탈탈 털어서

눈에 담고 흔드는 눈물꽃 한 송이

그 꽃은 그저

맑고

깊었다

나는 그 깊이에 빠져서 가만히

익사했다

- 눈물꽃(죽은 아내에게 바치는 시) 전문

아무리 사랑하는 부부라도 언젠가는 이별을 맞게 마련이다. 인생에서 겪는 고난 중에서 부인을 먼저 보내는 아픔은, 그것도 중년에 부인을 잃는다는 것은 견디기 힘든 고난 중의 고난이다. 여자가 남편을 여의고 지은 시는 망부가(亡夫歌), 남편이 아내를 여의고 애도하며 지은 시는 도망시(悼亡詩 : 애도망처(哀悼亡妻)를 줄임)라고 한다.

그대를 따라갈 것 몹시 원하지 세상에 오래 사는 것 원치 않으니 황천에서 혹시나 서로 다르게 되면 업보의 인연 응당 이전과 같으리〈이원익〉

문 닫자 복숭아꽃 적막한 봄일세 옛날처럼 그대 방엔 밝은 달빛 와 있는데 드리운 저 주렴 걷어 올리던 이는 누구였던가〈이달〉

휑뎅그렁한 들판 안개는 퍼졌는데 달빛은 쓸쓸하고 서리도 차구려 의지할 데 없는 외로운 혼은 홑 그림자 얼마나 슬프리까〈허균〉

중신 할매 내세워 명부에 소송을 내서라도 다음 생에서는 부부가 바꿔 태어나 천 리 밖에서 나는 죽고 당신은 살아 지금 내 마음의 슬픔을 당신이 알게 하리라〈김정희〉

오리집(梧里集)의 저자 이원익, 허균의 스승 손곡 이달, 홍길동의 저자 허균, 추사 김정희 등이 아내에게 바치는 최고의 헌사를 지어서 하늘에 전했다. 양반은 슬픔을 억제해야 하고, 마음을 드러내서는 안 된다고 교육 받고 살았던 유교의 울타리 속에서 어떻게 저런 시를 썼을까. 근엄한 유교 사상이 지배하던 가부장 제도의 조선 시대에도 이런 도망시가 있었다니 사랑은 제도나 이념보다 위대하다. 마음이 숙연해지는 작품들이다.

바이칼에 처음이자 마지막인 배를 띄웠다 / 아내의 뼛가루를 한 움큼 허공에 뿌렸다 / 샤먼의 주술 같은 바람이 흰 이를 드러냈다 / 수면은 삽시간 안개꽃 천지였다(강우식 시집 『바이칼』에서)

흙에서 나서 흙으로 돌아가는 많은 사람 중에 / 당신을 생각합니다 / 이 세상 어느 곳에도 없으나 어딘가에 꼭 / 살아있을 당신을 생각합니다(도종환 시집 『접시꽃 당신』에서)

강우식 시인은 『바이칼』 시집을 연가곡(連歌曲)으로 엮어 아내에게 바쳤고, 도종환 시인도 도망시 『접시꽃 당신』으로 문명을 높였다.

김재천 시인의 『공릉동』 시집에는 '마지막으로 불러보는 이름 / 마지막으로 만져보는 얼굴 / 마지막으로 건네주는 느낌/참 따뜻했다 / 고마웠다'고 '여는 글'부터 도망시로 시작된다. 김재천 시인이 최초로 도망시를 쓰지는 않았지만 한 편 한 편 읽으면서 부인에 대한 뜨겁고 애틋한 사랑을 새삼 감지할 수 있어서 읽는 내내 가슴이 먹먹했다.

내 안에서 기억들이 범람했으면
비낀 시간들을 적시고 또 적시다가 패인 곳을 메우며
범람했으면 아픈 것들만 골라서 익사시키고
어디서나 아프지 않은 당신이 물컹거리게
그러면 당신이 여기로 오기가 쉬울까 몰라
-〈두 번째 5월에〉 일부

직접사인 호흡부전(가)의 원인 뇌 전이를 동반한 폐암 병사라고 썼다
발병일시 2011년 1월 사망일시 2017년 5월 25일 03시 10분
그러니까 아픈 채로 7년 5개월을 살았다고
사망신고를 했다
집사람을 가장 잘 아는 남편인 내가

눈 감은 지 꼭 보름 만에 동사무소를 찾았고
집사람의 주민등록증에 구멍 두 개가 뚫렸다
이로써 행정적인 모든 조치는 열흘 이내로 다 취해질 것이라고 했다
나머지는 개인이 알아서 하는 거라고 했다
종일 비가 내렸다
-〈사망신고〉 일부

김재천 시인의 부인은 오랫동안 폐암(4기)을 앓다가 폐암이 뇌에 전이되어 2017년 5월 25일 세상을 떠났다. 보름 만에 부인의 사망신고를 한 날은 부인의 주민등록증에 구멍 두 개가 뚫렸고, 시인의 가슴에는 셀 수 없는 구멍이 뚫렸다. 통곡하고 싶은 시인의 마음을 알기라도 했을까. 그날은 종일 비가 내렸다. 그날 이후 시인은, "난 모든 것이 한 발짝 늦어. 너를 아는 것도 너를 잃는 것도. 네가 볼 때도 그렇지?" 라고 읊조리는가 하면, 사랑스러운 손자 손녀 하은이, 시은이, 하준이를 품에 안고, "할아버지 생일을 미리 축하한다고 직계가 다 모였다. 난 속으로 속삭였다. 다 보고 있지? 하은이가 입학하고, 시은이는 이도 여섯 개나 났고, 하준이는 완전 우량아고, 든든하지?" 하고 부인에게 가슴 찡한 안부를 전한다.

탑동 끄트머리 앞바다를 본다 탑동 끄트머리 앞바다는 비가 내리는 날마다 불편하다 한라산의 껍질들이 멀리 가지 못하고 둥둥 맴돌거나 이질적인 것들이 서로 부딪칠 때 내는 소리로 꾸르륵 운다 어떤 때는 앞바다가 온통 흙탕이 되기도 한다 비로소 한라산과 앞바다가 만나는 일이다 옷을 벗고 속살을 잇는 일이다 한라산이 바다가 되는 일이다 그러니 신음이 안 나고 배기겠는가, 태고가 태고를 범하는, 순수가 순수를 범하는, 물이 물을 범하는 행사에 간섭을 할 수 있는 것은 바람뿐이어서 오늘도 바람이 가만히 다녀갔다 그 바람 사람이 사람을 만날 때도 다녀갔으면 사람과 사람이 부둥켜 하나가 되는 행사에도 가만히 다녀갔으면

-〈탑동 끄트머리 앞바다〉 전문

'나를 쳐다보지 않지만 / 내가 외로울 때 / 먼저 잘랑잘랑 말을 거는 앞바다 / 앞바다의 그늘이 깊어서 / 별들도 툭하면 내려와 숨었다 가'는 곳이 바로 앞바다이다. 제주도 탑동에 있는 앞바다는 김재천 시인이 즐겨 찾던 고향 바다이다. 김재천 시인의 제주도를 사랑하는 마음이 스며든 시들을 읽다 보면 한 폭의 그림처럼 눈앞에 앞바다가 펼쳐진다.

'잇대어 쉬지 않고 출렁대는 물결 뒤에서 죽지 않고 살아 움직이는 것들 그 너머에서 오래 부대껴온 시간들이 가시가 되어 찌르는 통증 그러니까 돌아오지 말아야 하는 것들이 그리움이 되거나 통점이 되어서 살아나는 것이다 바다는 아프면 아픈 만큼 높이로 일어선다 일어섰다가 일어선 높이만큼 부서지며 눕는다'고 노래한다. 고향 바다는 시인에게 시의 소재가 되어 주고 시를 통해 통점이 되기도 하고 아픈 만큼 성장하기도 한다.

그런 김재천 시인이 지금은 공릉동 사랑에 흠뻑 빠져 있다. 10여 년 이상 이끌어 온 시창작 그룹들의 강의까지 접어 가면서 틈만 나면 공릉동 철길공원을 찾아간다. 공릉동 철길공원은 쉬지 않고 반나절은 걸어야 끝이 난다. 경춘선 숲길공원에는 이메숲, 잣나무숲길 등, 아름다운 숲길이 있다. 거기에는 또 설치미술공간도 있고, 공릉동 베토벤길도 있고, 노원불빛정원도 있다. 공릉동 철길공원에는 시인들이 자주 모임을 갖는 카페 따미도 있다. 따미는 유난히 커피를 좋아하는 시인의 단골 카페다.

김재천 시인은 공릉동 철길공원 도처에 지천으로 펴져 있는 온갖 식물을 죄 꿰고 있는 식물 박사다. 보통 사람들에게는 그저 '이름 모를 풀이나 꽃'으로 스치기에 십상이지만, 김 시인의 눈에 띄면 그 즉석에서 기가 막힐 정도로 고유의 이름을 줄줄이 꿰찬다. 개쑥갓, 차풀, 황매화, 배풍등, 회양목, 박태기나무, 매자나무, 가시나무, 해당화, 쥐땅나무, 명자나무, 유다나무, 화살나무, 줄사철, 맥문동, 봄까치꽃, 홍자단, 광대나물, 차풀꽃, 설중매, 산수유, 조팝나무, 홍자단, 쪽동백, 꽃양배추, 뜰보리수, 메리골드, 쑥, 병아리꽃, 찔레장미, 팥꽃나무, 크령, 장구채, 부채꽃, 비비추, 빈카, 감국, 산딸기나무, 흰말채나무 등등, 김재천 시인은 이 모든 식물들을 하나하나 촬영해서 페이스북에 올린다. 2020년 2월 26일 새벽에 그가 페이북에 올린 사진과 글을 보면 이렇다. '이른 봄 아름다운 무더기꽃 자태를 뽐내는 공릉동 조팝나무가 여린 잎으로 꽃망울을 도르르 안고 있는 모습. 조팝나무는 아스피린의 원료가 되는 소중한 나무이기도 하다.' 김 시인의 공릉동 사랑이 얼마나 지고지순한가를 확인할 수 있는 물증이다. 이생진 시인이 제주도 성산포 시인이라면 제주도 출신 김재천 시인은 노원구 공릉동 시인이라 하겠다.

잠들었다가 저절로 눈이 떠지는
역이 있다
공릉역이다
외곽까지 몇 역 더 남았지만 마치
마지막 경계인 듯
아차, 싶으면 경계를 넘어가 다시는
영영 집으로 가지 못할 것처럼 눈이
자동으로 번쩍 떠지는
간절한 역
떠난 사랑도 나와 같아서
언제라도 그 역에 내릴 것만 같아서

-〈공릉역〉 전문

공릉역, 모처럼 자리 잡고 자리에 앉아서 집에 가다 보면 잠이 들 때가 있다. 그래도 저절로 눈이 떠지는 역이 공릉역이다. 떠난 아내도 경계를 넘다가 언제든지 공릉역에서 내려 집으로 돌아올 것만 같다.

'들리지 않는 말을 하고 / 보이지 않는 것을 보고 / 늘 흙에다 귀를 대고 / 점점 사람에게서 멀어지고 / 그것참 / 어느 것 하나 마음에 들지 않지만' 공릉동은 언제나 그 자리에 있다.

기다려지는 사람이 있는 한, 앞으로도 김재천 시인은 공릉동을 떠나지 못할 것 같다. 참으로 다행스럽게도 서울 노원구 공릉동에는 혼과 열정을 다해 공릉동 철길공원을 끔찍하게 사랑하는 김재천 시인이 살고 있다.